GU RATGEBER NATURMEDIZIN

Dr. med. Hartmut Dorstewitz

Erkältung und Grippe natürlich behandeln

- Akute Infekte heilen
- Chronischen Infekten vorbeugen
- Empfehlungen und Rezepte zur Selbsthilfe

GU GRÄFE UND UNZER

Für meine Frau und meine Kinder

Wichtiger Hinweis

Die von den Autoren der GU Ratgeber Naturmedizin vertretenen Auffassungen in bezug auf Krankheiten und ihre Behandlung unterscheiden sich gelegentlich von jenen der allgemein anerkannten medizinischen Wissenschaft. Jeder Leser ist aufgefordert, in eigener Verantwortung zu entscheiden, ob und inwieweit die in diesem Buch vorgestellten Naturheilverfahren und Naturheilmittel für ihn eine Alternative zur »Schulmedizin« darstellen.
In jedem Fall zu beachten sind die Aufforderungen des Autors, einen Arzt zu Rate zu ziehen; so beispielsweise bei »Der grippale Infekt«, (Seite 11): »Ist am dritten Tag keine wesentliche Besserung eingetreten oder hat sich der Zustand sogar verschlechtert, müssen Sie unbedingt den Arzt benachrichtigen.«

Inhalt

Einführung und Anleitung

Alljährlich zweimal – im Frühjahr und im Herbst – ist Grippezeit. Erwachsene erkranken in der Regel drei- bis viermal im Jahr, Kinder weit häufiger – ein Drittel aller verlorenen Arbeitstage und zwei Drittel der versäumten Schultage werden Erkältungskrankheiten zugeschrieben. Wir alle kennen die Beschwerden, die durch Erkrankungen der Atemwegsschleimhaut, durch Grippe, entstehen: Husten, Heiserkeit, Halsweh, die »laufende« Nase und Stockschnupfen, Stirn- und Kieferhöhlenentzündung, eitrige Mandeln und Ohrenschmerzen, Bronchitis und Lungenentzündung.

Wodurch werden Erkältungskrankheiten ausgelöst?

Tröpfcheninfektion

Man wird krank, weil man sich ansteckt; zumindest in 90 Prozent der Fälle sind es über die Atemwege in unseren Körper eingedrungene Viren, die eine Erkältungskrankheit auslösen. Sie werden übertragen durch winzige Tröpfchen, die ein Grippekranker beim Niesen und Husten in großen Mengen versprüht, oder durch direkten Kontakt. 18 bis 48 Stunden nach der Ansteckung treten die ersten Krankheitszeichen auf.

Grippaler Infekt – echte Virusgrippe

Je nach Virusart entwickelt sich entweder die einfache Erkältungskrankheit, der grippale Infekt, oder die echte Virusgrippe, die Influenza (italienisch = Wanderkrankheit).

Influenza-Viren

Als Erreger des grippalen Infekts sind etwa 300 verschiedene Viren bekannt, jedoch nur drei Virusarten, die eine echte Virusgrippe auslösen: die Influenza-Viren vom Typ A, B und C mit ihren Untergruppen. Jährlich entstehen neue Untergruppen, die oft innerhalb von wenigen Wochen oder Monaten rund um den Erdball wandern.
Der grippale Infekt ist häufiger als die echte Virusgrippe; in den Symptomen und im Ablauf unterscheiden sich diese beiden Erkältungskrankheiten kaum voneinander.

So entwickelt sich eine Erkältungskrankheit

Grippaler Infekt und echte Virusgrippe beginnen in der Regel mit einem Schnupfen, einer Entzündung der Nasenschleimhaut. *Sind die körpereigenen Abwehrkräfte (Selbstheilungskräfte) funktionstüchtig, bleibt der Schnupfen das einzige Zeichen der Erkältungskrankheit;* nach drei bis sechs Tagen verschwindet er, ohne daß der Erkältete in seinem Allgemeinbefinden wesentlich beeinträchtigt oder gar bettlägerig wurde. *Bei geschwächten Abwehrkräften jedoch kann sich die Schleimhautentzündung weiterentwickeln;* es kann zu Kiefer- oder Stirnhöhlenentzündung, Mittelohr- oder Mandelentzündung, Rachen- oder Luftröhrenentzündung, Lungen- oder Rippenfellentzündung kommen.

Wie gut ist die körpereigene Abwehr?

Gleichzeitig mit diesen Entzündungen der Atemwegsschleimhaut können die typischen Grippebeschwerden auftreten: Müdigkeit und Zerschlagenheit, Fieber und Schüttelfrost, Kopf- und Gliederschmerzen, Appetitlosigkeit, manchmal auch Erbrechen oder Durchfall.

Typische Grippebeschwerden

Ein *akuter Erkältungsinfekt* kann relativ schnell (nach 7 bis 10 Tagen) wieder ausgeheilt sein. Treten akute Infekte gehäuft auf, liegt eine *Infektanfälligkeit* vor, die Folge einer Abwehrschwäche; diese muß immer ernstgenommen und deshalb intensiv behandelt werden, sonst kann daraus ein chronischer Infekt werden, der nicht mehr ganz ausheilen kann.

Eine funktionstüchtige körpereigene Abwehr also hindert Krankheitserreger daran, sich in unserem Körper festzusetzen und auszubreiten. Bei geschwächten Abwehrkräften kann unser Körper eindringenden Krankheitserregern nicht genügend Widerstand entgegensetzen – es kommt zu einem »Kampf« zwischen Abwehrkräften und Krankheitserregern. Ausdruck dieses Kampfes ist das für uns sichtbare und spürbare Infektgeschehen.

Infektgeschehen

Behandlung mit Naturheilverfahren

Ziel der naturgemäßen Behandlung von Erkältungskrankheiten muß es sein, die körpereigenen Abwehrkräfte zu stärken, sie darüber hinaus funktionstüchtig zu erhalten.

Stärkung der Selbstheilungskräfte

Im Volksmund heißt es: »Behandelt dauert ein Schnupfen sechs Tage, unbehandelt eine Woche.« Diese Aussage ist zwar einerseits richtig, andererseits wird dabei aber nicht berücksichtigt, daß nach jedem Infekt der Körper eine gewisse Zeit abwehrgeschwächt und deshalb anfällig ist für weitere Erkrankungen. Es ist daher besonders wichtig, die Abwehrfront so schnell wie möglich wieder aufzubauen.

- Jahrhundertelange Erfahrung hat uns gelehrt, daß nur natürliche Heilmittel unsere Abwehrkräfte stärken und lenken können.

Natürliche Heilmittel

Sie aktivieren, wie die Ärzte der Antike es nannten, den »inneren Arzt« des Menschen – jene Selbstheilungs- oder Abwehrkräfte, die uns davor schützen, daß die ständig aus der Umwelt in unseren Organismus eindringenden Krankheitserreger eine Krankheit auslösen.

- Naturheilverfahren behandeln nicht nur ein Organ, sondern den Menschen in seiner körperlich-geistig-seelischen Einheit.

Naturheilverfahren

Der naturgemäß behandelnde Arzt nutzt die heilsamen Reize des Wassers, beispielsweise mit Hilfe von Bädern, Waschungen, Wickeln, Kompressen, er setzt gezielt entzündungshemmende, keimtötende oder schleimlösende Heilpflanzen ein und die aus Natursubstanzen gewonnenen Homöopathika, verordnet Maßnahmen zur Entschlackung und Entgiftung des kranken Organismus wie Heilfasten, Einläufe, schweißtreibende Tees, Schwitzpackungen, behandelt mit Eigenblut, Sauerstoff, Neuraltherapie, Akupunktur, Symbioselenkung. Auch vollwertige Ernährung, Bewegung in frischer Luft und Sonne, Anwendungen mit Heilerde, Moor, Schlamm, Schlick gehören zu den Naturheilmitteln – im weitesten Sinne auch Atemübungen und Entspannungsmethoden.

- Bei der Behandlung mit Naturheilverfahren werden nur Heilmittel eingesetzt, die aus der Natur kommen.

Natürliche Heilmittel setzen mit ihren milden Reizen im Organismus Prozesse in Gang, die unsere Selbstheilungskräfte mobilisieren. Je länger diese heilenden Reize einwirken, desto intensiver werden die Selbstheilungskräfte angeregt und gestärkt – bis sie schließlich die Krankheit »besiegt« haben. Das heißt: Die konsequente, zuverlässige Anwendung von natürlichen Heilmitteln stärkt die körpereigenen Abwehrkräfte.

- Wesentliche Voraussetzung dafür, daß natürliche Heilmittel Erkältungskrankheiten heilen, ist die Mitarbeit des Patienten.

Aktiv gesund werden und bleiben

Nur wenn die empfohlenen Anwendungen konsequent und lange genug durchgeführt werden, heilt die Krankheit aus. Mitarbeit kann außerdem bedeuten: Regelmäßige Anwendung von Naturheilmitteln auch in beschwerdefreien Zeiten, um – beispielsweise bei Infektanfälligkeit – die Selbstheilungskräfte zu aktivieren.

Bei der naturgemäßen Behandlung jeder Erkältungskrankheit müssen wir unserem Körper die Zeit lassen, die er nun einmal braucht, um mit der Erkrankung fertig zu werden. Grippekranke gehören ins Bett! Die Anstrengungen des Organismus, das »Krankheitsgift« loszuwerden, müssen mit natürlichen Heilmitteln unterstützt werden. Nur wenn wir ihm helfen, kann unser Körper sich selbst helfen.

So sollten Sie dieses Buch benutzen

Krankheitsbilder

Im Kapitel *Erkältungskrankheiten und ihre Behandlung* (Seite 11) sind Entwicklung und Symptome der Erkältungskrankheiten beschrieben. Unter jedem Krankheitsbild finden Sie detaillierte Anleitungen für die Selbstbehandlung und erfahren, welche Naturheilverfahren der Arzt anwenden kann.
Im Kapitel *Naturgemäße Behandlung* (Seite 40) können Sie nachlesen, warum und wie die einzelnen Naturheilverfahren wirken. Genaue Anleitungen helfen Ihnen, die für jedes

Heilverfahren optimal nutzen

Krankheitsbild angegebenen Behandlungsmaßnahmen auf die richtige Weise durchzuführen. Bitte halten Sie sich an diese Anleitungen – nur wenn natürliche Heilmittel richtig angewendet werden, wirken sie optimal.

Die Arbeit des Organismus begreifen

Im Kapitel *Selbstheilungskräfte unseres Körpers* (Seite 95) ist beschrieben, welche Aktionen und Reaktionen des Körpers Abwehrmaßnahmen sind und auf welche erstaunliche Weise sie ineinandergreifen. Wenn Sie dieses Kapitel aufmerksam lesen, werden Sie besser verstehen, warum allein Naturheilverfahren Erkältungskrankheiten auszuheilen und geschwächter Abwehrkräfte zu stärken vermögen. Sie erfahren außerdem, wodurch die Selbstheilungskräfte geschwächt werden, und lernen einfache Maßnahmen kennen, mit deren Hilfe Sie viele der für unsere Gesundheit negativen Auswirkungen unserer Lebensweise ausgleichen können.

Die Funktion des Fiebers verstehen

Sicher interessiert Sie noch das Kapitel *Wie es zu Erkältungskrankheiten kommt* (Seite 107), in dem auch erläutert ist, warum die so häufig eingesetzten Grippemittel und Fieberzäpfchen Erkältungskrankheiten nur unterdrücken, aber nicht ausheilen können und wann eine Grippeimpfung sinnvoll ist.

Mit Hilfe des ausführlichen *Beschwerden- und Sachregisters* am Ende dieses Buches finden Sie schnell zu Beschwerden, Krankheitsbildern, Anwendungen und allen wichtigen Erläuterungen zum körpereigenen Abwehrsystem.

Erkältungskrankheiten und ihre Behandlung

Der grippale Infekt

Erste Anzeichen

Die Erkältungskrankheit (Grippe) beginnt mit einem allgemeinen Krankheitsgefühl: Unwohlsein, Frieren, Abgeschlagenheit, Gliederschmerzen, Kopfschmerz und Appetitlosigkeit. Jetzt müssen Sie sofort etwas tun, um eine weitere Entwicklung der Erkältung zu verhindern:

- ein ansteigendes Fußbad (→ Seite 43);
- zusätzlich heißen Lindenblütentee mit Honig (Diabetiker nicht süßen) oder die Teemischung 1 (→ Seite 71, 72);
- 1 bis 2 Einläufe (→ Seite 59);
- Einnahme eines echinazinhaltigen Medikaments in hoher Dosierung;
- Bettruhe in einem gut gelüfteten Zimmer.

Wichtig: Sofort etwas tun

Je eher Sie mit der Entgiftung Ihres Körpers und der Anregung und Stärkung Ihrer Abwehrkräfte beginnen, desto größer ist die Chance, daß sich die Grippe gar nicht »einnistet«. Mit Hilfe dieser Anwendungen können Sie unter Umständen schon Stunden später oder am nächsten Tag wieder auf den Beinen sein!

Wenn Sie sich richtig krank fühlen, also einen schweren akuten Infekt haben mit Fieber, Schüttelfrost und Kreislaufstörungen, gehören Sie ohne Zweifel einige Tage ins Bett!

Bettruhe

Durch die Bettruhe sparen Sie Energie, die der Körper für die Bewältigung der Krankheit benötigt. Quälen Sie sich nicht unnötig, sagen Sie einmal einige Termine ab und legen sich ins Bett. Das Zimmer muß gut gelüftet sein. Durchzug sollte unbedingt vermieden werden! In den ersten 24 Stunden eines schweren Infekts sind Sie unter Umständen zu matt, um aufzustehen; die Anwendung von Rumpfreibebädern (→ Seite 46) und regelmäßigen Einläufen (→ Seite 59), die am besten entgiften, ist vielleicht noch zu beschwerlich. Zwingen Sie sich in diesem Fall nicht dazu – Bettruhe ist jetzt das beste Heilmittel.

Taganwendungen

Bei der Behandlung des schweren Infekts gibt es Tag- und Nachtanwendungen; während der ersten Tage sollten Sie die folgenden Taganwendungen durchführen:

- Serienwaschungen (→ Seite 50);
- schweißtreibende Tees oder Teemischung 1 (→ Seite 71);

- fasten, viel trinken (→ Seite 23, 88);
- Einläufe im Abstand von 1 bis 2 Stunden (→ Seite 59);
- salinische Abführmittel (→ Seite 61);
- ein echinazinhaltiges Mittel in hoher Dosierung.

Nachtanwendungen

Nachts sollten Sie Wadenwickel (→ Seite 52) anlegen, die so lange häufig gewechselt werden, bis das Fieber gesunken ist; jedoch darf der Schlaf dadurch nicht gestört werden.
Am zweiten Krankheitstag sollten Sie Serieneinläufe durchführen (→ Seite 59), eventuell weiterhin salinische Abführmittel einnehmen und auch das Fasten beibehalten.

Bei anhaltendem Fieber

Wenn Sie weiterhin fiebern und viel schwitzen, können Sie das Rumpfreibebad anwenden (→ Seite 46). Sollten Sie frieren oder Schüttelfrost haben, ist ein temperaturansteigendes Halbbad (→ Seite 44) hilfreich – kein Vollbad! Trinken Sie während des Badens einen heißen schweißtreibenden Tee (→ Seite 71, 72). Außerdem sollten Sie das echinazinhaltige Medikament weiternehmen; zusätzlich Symbioflor I, stündlich 1 Teelöffel.

Genesungsförderung

Sobald Sie fieberfrei sind – in der Regel am dritten Tag –, führen Sie folgende Anwendungen durch:

- täglich 2 bis 4 Einläufe;
- weiterfasten oder leichte, vitaminreiche Aufbaukost (→ Seite 88);
- Vitamin C-haltige Tees und Säfte (→ Seite 68);
- echinazinhaltige Medikamente weiternehmen – 3mal täglich;
- eventuell täglich 2 bis 3 Körperwaschungen (→ Seite 50);
- vorwiegend Bettruhe.

Wichtig: Ist am dritten Tag keine wesentliche Besserung eingetreten oder hat sich der Zustand sogar verschlechtert, müssen Sie unbedingt den Arzt benachrichtigen.

Der Schnupfen

Der einfache Schnupfen ist lästig und beeinträchtigt das Wohlbefinden, er ist aber in der Regel von kurzer Dauer – »drei Tage kommt er, drei Tage bleibt er, drei Tage geht er«. Er kann einziges Symptom einer Erkältungskrankheit, aber

Beginn einer Krankheit?

auch der Beginn einer schweren fieberhaften Erkrankung sein, die mit Nebenhöhlenentzündungen, einer Mittelohr- oder eitrigen Mandelentzündung, einer Bronchitis oder sogar Lungenentzündung einhergeht. Deshalb muß ein Schnupfen ausgeheilt werden!

Die Symptome

Der Schnupfen beginnt meist mit einem Kitzeln in der Nase oder einem Kratzen im Hals, innerhalb von wenigen Stunden stellt sich heftiges Niesen ein. Die Nase ist verstopft, weil die Schleimhaut anschwillt, man ist zur Mundatmung gezwungen. 12 bis 36 Stunden später beginnt eine vermehrte Sekretabsonderung der Schleimhaut, die Nase tropft wie ein undichter Wasserhahn. Nach weiteren 1 bis 3 Tagen färbt sich der wäßrige Nasenschleim gelb oder wird sogar gelbgrün, zuweilen auch blutig – ein Zeichen dafür, daß sich neben der Virusinfektion eine bakterielle Entzündung, eine Zweitinfektion, eingestellt hat (→ Seite 114).

Verstopfte Nase, Sekretabsonderung

Außer diesen Symptomen bestehen oft allgemeine Beschwerden wie Abgeschlagenheit, Kopfschmerzen oder Gliederschmerzen und Frösteln.

Die Behandlung

Je eher und konsequenter Sie den Schnupfen behandeln, desto geringer ist die Gefahr, daß sich die Krankheit weiterentwickelt. Zunächst ein paar nützliche Selbstverständlichkeiten: Einen Niesreiz sollten Sie keinesfalls unterdrücken; Niesen – wie auch Husten – schleudert bakterien- und virenhaltigen Schleim heraus. Auch allzu heftiges Schneuzen, um dadurch soviel Schleim wie möglich aus der Nase herauszubefördern, ist nicht empfehlenswert; durch das Pressen, mit dem Sie den Schleim herausblasen wollen, können Sie viren- und baktierenhaltigen Schleim in die Nasennebenhöhlen hineinpressen. Schneuzen Sie also nur das heraus, was leicht herausgeht, und halten Sie dabei jeweils ein Nasenloch zu.

Vorsichtig schneuzen

Da die Nasenatmung aber sehr wichtig ist, sollten Sie doch einiges tun, um die Nase wieder freizubekommen. Am schnellsten hilft eine Roßkur: Sie trocknen den Schnupfen durch völliges Entziehen der Flüssigkeit aus – bitte trinken

Den Schnupfen austrocknen

Keine Flüssigkeit zuführen

Sie auch keinen Kaffee oder Tee, essen Sie keine Suppen oder Brühen. Bei Durst dürfen Sie Obst aller Art und in beliebiger Menge essen (Obst schwemmt aus). Mundspülungen und Gurgeln mit Kamillen-, Salbei- oder einem anderen Tee (→ Seite 74) im Abstand von ½ oder 1 Stunde vermindern das Durstgefühl. Sollte der Durst Sie zu sehr quälen, ist die Einnahme einer kleinen Menge Flüssigkeit erlaubt; günstig sind schweißtreibende Tee- oder Saftzubereitungen: Lindenblütentee, heißer Zitronensaft, heißer Holundersaft – jeweils ½ bis 1 Tasse schluckweise trinken.

Aktiv oder passiv schwitzen

Unterstützen können Sie das Ausschwemmen durch Steigerung der Flüssigkeitsabgabe mit Hilfe von Schwitzmaßnahmen: Wenn Sie sich nur wenig oder gar nicht krank fühlen und kein Fieber haben, ist ein Saunabesuch nach üblichen Regeln das Ideale; gut wäre auch ein Fußmarsch von 1 bis 1½ Stunden, eventuell sogar vor dem Saunabesuch. Damit Sie tüchtig ins Schwitzen kommen, sollten Sie sich wärmer anziehen, als es die Jahreszeit erfordert; bitte nicht ausziehen, wenn Sie zu schwitzen beginnen.

Waschungen, Bäder

Wenn Sie sich für Fußmarsch und Saunabesuch zu krank fühlen, sollten Sie *temperaturansteigende Halbbäder* (→ Seite 44) und *Serienwaschungen* (→ Seite 50) durchführen. Ideal ist natürlich die *Schwitzpackung* (Ganz- oder Dreiviertelpackung, → Seite 57), die aber nur dann notwendig ist, wenn Sie sich wirklich krank fühlen.

Warnen möchte ich vor ständigem Gebrauch abschwellender Nasentropfen, die an der Nasenschleimhaut durch starkes Austrocknen unheilbare Schäden hervorrufen können. Ein chronischer Schnupfen ist meist die unvermeidbare Folge. Das Bequeme ist leider nicht immer das Bessere. Außerdem können bestimmte Nasentropfen zur Sucht führen.

Kamillenlösung statt Nasentropfen

Ist die Nase während des akuten Schnupfens stark verstopft, können Sie für kurze Zeit handelsübliche Nasentropfen nach Vorschrift anwenden. Besser ist die Kamillenlösung: 1 bis 2 Eßlöffel Kamillenblüten mit einer kleinen Menge kochendem Wasser übergießen, abseihen und mit so viel Zucker oder Honig versetzen, wie sich in der Flüssigkeit lösen läßt. Die lauwarme oder kalte Lösung mehrmals täglich mit einer Pipette in die Nase tropfen.

Halswickel

Leicht abschwellende Wirkung auf die Nasenschleimhaut hat auch der *kalte Halswickel* (→ Seite 55), legen Sie ihn abends an, er kann die Nacht über liegenbleiben.

Inhalation, Nasenspülung

Inhalationen und *Nasenspülungen* (→ Seite 62) können mehrmals täglich angewendet werden; am einfachsten ist die Inhalation mit Kamillen- oder Salbeitee (→ Seite 74). Dem Inhalat können Sie 1 bis 2 Tropfen japanisches Heilpflanzenöl (Firma Rödler) beigeben – seien Sie jedoch etwas vorsichtig; wenn zuviel zugesetzt wird, kann es zu Schleimhautreizungen der Augen kommen. Auch Zwiebelabkochungen haben eine gute schleimlösende Wirkung; bei Menschen mit empfindlichen Schleimhäuten jedoch können sie schleimhautreizend wirken – Sie müssen es ausprobieren.
Zum Nasenspülen eignen sich Salzlösungen, am besten mit Emser Salz (→ Seite 63). Wenn Sie es nicht im Hause haben, genügt auch Meer- oder Kochsalz.

Medikamente

Schleimlösend, schleimhautkräftigend

- Ein sehr gutes pflanzliches Mittel ist Sinupret (Firma Bionorica), es wirkt schleimlösend und schleimhautkräftigend im Bereich der gesamten Atemwege. Dosierung: 3mal täglich 2 Dragees, in besonders schweren Fällen bis stündlich 2 Dragees. Für Kinder oder Kranke, die keine Dragees schlucken können, steht dieses Mittel auch in Tropfenform zur Verfügung. Dosierung: ältere Kinder und Erwachsene nehmen 3mal täglich bis stündlich 1 Teelöffel, kleinere Kinder 3- bis 6mal täglich 8 Tropfen.

Stärkt die Abwehrkräfte

- Zur Anregung der körpereigenen Abwehrkräfte sollten Sie ein echinazinhaltiges Medikament einnehmen. Dosierung: Diese Mittel müssen anfangs hochdosiert und häufig eingenommen werden (die genaue Dosierung entnehmen Sie bitte dem Beipackzettel des verwendeten Medikaments). Kinder nehmen gern die etwas säuerlich schmeckenden Esberitox- oder toxi-loges-Lutschtabletten; bei Kleinkindern und Säuglingen empfehlen sich Contramutan- oder Viburcol-Zäpfchen (Firma Heel); die Dosierung dieser Medikamente entnehmen Sie bitte dem Beipackzettel.
- Symbioflor I besteht aus »Abwehrbakterien«. Dosierung: Es sollte hochdosiert und sehr häufig eingenommen werden

– 3mal täglich bis stündlich 1 Teelöffel (entspricht 30 Tropfen). Symbioflor I eignet sich auch zum Einträufeln in die Nase – täglich 1 bis 2 Tropfen in jedes Nasenloch. Dieses Mittel sollte nicht zusammen mit alkoholischen Zubereitungen (Medikamente mit der Angabe »enthält Äthanol«) eingenommen werden, sondern erst 2 bis 3 Minuten danach.

Sanfte Heilkraft

Die wichtigsten Homöopathika
Allium cepa D4 – bei wäßrigem Fließschnupfen (typisch ist die »laufende« rote Nase) – täglich 3mal 5 Tropfen vor dem Essen, 7 bis 10 Tage lang.
Euphorbium D4 – bei starker Schwellung der Schleimhaut und häufigem Niesreiz – täglich 3mal 5 Tropfen vor dem Essen, 7 bis 10 Tage lang.
Gelsemium D6 – bei Schnupfen mit Kopfschmerzen – täglich 3mal 5 Tropfen vor dem Essen – bei starken Kopfschmerzen: 20 Tropfen in ½ Glas Wasser geben, schluckweise über den Tag verteilt trinken, solange der Schnupfen besteht.
Luffa D6 – bei Heuschnupfen – täglich 3mal, eventuell stündlich, 5 Tropfen, solange die Beschwerden bestehen.

Langwieriger Schnupfen

Gehen Sie zum Arzt, wenn der Schnupfen länger als 10 Tage andauert und/oder Kopfschmerzen bestehen oder der Schnupfen eitrig-grün wird; in diesen Fällen besteht der Verdacht auf eine eitrige Nebenhöhlenentzündung. Ist der Schnupfen besonders langwierig, kann es sich um einen allergischen Schnupfen handeln.

Leichter Schnupfen

Wenn Sie einen leichten, unkomplizierten Schnupfen haben, müssen Sie nicht das ganze Behandlungsprogramm durchführen; in diesem Fall genügt es, wenn Sie Sinupret, Esberitox und Symbioflor I einnehmen, möglichst wenig trinken, morgens regelmäßig Salzspülungen durchführen und soviel wie möglich an die frische Luft gehen.

Was der Arzt tun kann
Neuraltherapie und Akupunktur in besonders schweren Fällen, Eigenblutspritzen zur Anregung der körpereigenen Abwehrkräfte.

Nasennebenhöhlenentzündung (Sinusitis)

Folge-erkrankungen

Kiefer- oder Stirnhöhlenentzündungen sind meist die Folge eines sehr starken oder nicht ausgeheilten Schnupfens. Sie treten dann auf, wenn die sehr engen Gänge vom Nasen-Rachen-Raum zu den Nasennebenhöhlen verstopft oder verschwollen sind. Es kommt zum Schleimstau, der ein idealer Nährboden für Bakterien und Viren ist.

Die Symptome

Schmerzen

Bei Kieferhöhlenentzündung werden Kopfschmerzen eigenartigerweise häufig im Stirnbereich empfunden, bei der Stirnhöhlenentzündung im Scheitelbereich; bei beiden Entzündungen können auch Ohrenschmerzen auftreten. Der Schnupfen ist häufig eitrig (gelb oder gelbgrün). Oft besteht ein deutliches Krankheitsgefühl, verbunden mit Fieber. *Bei diesen Beschwerden müssen Sie unbedingt den Arzt aufsuchen!* Sie können die ärztliche Therapie jedoch mit sinnvollen und einfachen Maßnahmen unterstützen.

Unterstützung der ärztlichen Therapie

Was Sie tun sollten

Die Maßnahmen, die Sie unterstützend bei der Behandlung einer Nebenhöhlenentzündung durchführen können, sind die gleichen wie beim Schnupfen (→ Seite 14) Führen Sie diese Behandlungsmaßnahmen so intensiv wie möglich durch – jedoch stets nach Rücksprache mit Ihrem Arzt.

Die wichtigsten Homöopathika

Cinnabaris D4 – bei Stirnhöhlenentzündung – täglich 3mal 5 Tropfen, solange die Entzündung besteht.
Kalium bichromicum D4 – bei gelbgrünem, fadenziehendem Schleim mit Borken- und Krustenbildung in der Nase – täglich 3mal 5 Tropfen, mehrere Monate lang.

Was Sie nicht tun sollten

Vorsicht mit Nasentropfen

Verzichten Sie möglichst auf abschwellende Nasentropfen, oder verwenden Sie diese nur kurzfristig.

Was der Arzt tun kann

Neuraltherapie, Akupunktur, Wärmebestrahlung mit Mikrowelle, Eigenblutbehandlung, Langzeitbehandlung mit pflanzlichen und homöopathischen Medikamenten, Symbioselenkung.

Ohrenentzündung (Otitis)

Empfindliches Organ

Auch die Ohrenentzündung ist häufig Folge des Schnupfens. Schwellung der Schleimhaut im Nasen-Rachen-Raum führt zu einem Verschluß der Ohrtrompete, die Paukenhöhle im Mittelohr kann nicht mehr belüftet werden (→ Seite 110). Es kommt zu einem Schleimstau im Mittelohr, in dem sich dann leicht eine eitrige Entzündung festsetzen kann.

Die Symptome

Plötzliche Schwerhörigkeit

Folgende Symptome können auf eine Mittelohrentzündung hinweisen: plötzliche Schwerhörigkeit mit Sausen, Rauschen oder gar Klingeln im Ohr, das Ohr »klappt zu«. Diese Beschwerden können sich bis zu einem Stechen und starken Schmerzen im Ohr steigern. Schmerzen, die bis ins Ohr hineinziehen, sind nicht immer ausgelöst von einer Mittelohrentzündung; nur der Arzt kann die Schmerzursache klären. *Die Mittelohrentzündung muß in jedem Fall vom Arzt behandelt werden!*

Unterstützung der ärztlichen Therapie

Was Sie tun sollten

Mit den unter Schnupfen (→ Seite 14) aufgeführten Anwendungen können Sie die ärztliche Therapie sinnvoll unterstützen. Bei starken Ohrenschmerzen, vor allem bei Kindern, können Sie 10 Tage, jeweils abends, die *»heiße Kammer«* anwenden (→ Seite 56). In den meisten Fällen verschwinden die Schmerzen bereits nach der ersten Behandlung und treten auch nicht wieder auf. Nach der Anwendung der »heißen Kammer« träufeln Sie zunächst 1 bis 3 Tropfen Symbioflor I in jedes Ohr, danach (nur nach Rücksprache mit dem Arzt) 2 oder 3 Tropfen angewärmtes Olivenöl, das lindernd und heilend wirkt.

Die Zwiebelkompresse (→ Seite 56), die über Nacht beiden Ohren angelegt wird, hat sich immer wieder bewährt.

Medikamente

Otovowen (Firma Vogel & Weber), je nach Heftigkeit der Beschwerden, täglich 3mal bis stündlich 20 Tropfen, Kinder 8 bis 15 Tropfen, 1 Woche lang; bei länger bestehenden Beschwerden über mehrere Wochen täglich 3mal 10 bis 20 Tropfen einnehmen.

Die wichtigsten Homöopathika

Schmerzlindernd, entzündungshemmend

Ferrum phosphoricum D4 – bei Ohrenstechen und -klopfen, verbunden mit Fieber, besonders gut geeignet für Kinder – anfangs stündlich 5 Tropfen, später bei Besserung der Beschwerden täglich 3mal 5 Tropfen.
Belladonna D4 – bei Ohrenstechen und -klopfen mit starkem Schwitzen (der Patient »dampft«, zu erkennen beim Aufheben der Bettdecke) – anfangs stündlich 5 Tropfen, bei Besserung täglich 3mal 5 Tropfen.
Chamomilla D4 – bei starker nächtlicher Unruhe mit ziehenden, reißenden Schmerzen, der Patient schläft unruhig, wälzt sich von einer Seite zur anderen, Kinder wimmern und wollen ständig herumgetragen werden; charakteristisch ist die einseitige rote Wange, wie sie auch beim Zahnen auftritt – anfangs stündlich 5 Tropfen, bei Besserung täglich 3mal 5 Tropfen.

Was der Arzt tun kann

Neuraltherapie (Procain-Quaddeln rund um das betroffene Ohr), Akupunktur, Eigenblutspritzen. Es gibt Fälle, in denen ein Antibiotikum notwendig wird.

Canthariden-Pflaster

Eine ausgezeichnete Behandlung stellt die Anwendung des Canthariden-Pflasters dar. Es wirkt oft schon nach einer halben Stunde schmerzstillend und heilt eine beginnende Mittelohrentzündung in 2 von 3 Fällen aus!
Wichtig: Bei Kopfschmerzen, Nackensteife, Lichtscheu und starkem Krankheitsgefühl sofort den Arzt verständigen; bei diesen Symptomen besteht Verdacht auf eine Gehirnhautentzündung.

Entzündungen in Rachen und Mundhöhle

Rachen- und Mundschleimhautentzündungen treten häufig im Verlauf einer Erkältungskrankheit und während oder nach Schnupfen auf.

Die Symptome

Halsweh, Husten

Typisch für Rachenentzündung ist der rauhe Hals mit Kratzen und Wundheitsgefühl, dabei Schluckbeschwerden und Halsschmerzen, die oft bis in die Ohren oder die Zähne ausstrahlen. Manchmal haben Sie auch einen Kitzelhusten, der im Hals zu sitzen scheint. Fieber und Schüttelfrost können ebenfalls auftreten.

Mundfäule

Bei der Mundhöhlenentzündung, auch Mundfäule genannt, spüren Sie ein Brennen und Stechen in der Mundhöhle. (Sie können keine heißen, sauren oder harten Nahrungsmittel essen.) Es bestehen meist unangenehmer Geschmack und schlechter Mundgeruch.

Die Behandlung

Bei Mundfäule und sehr starken Halsschmerzen sollten Sie keine sauren und scharfen Speisen essen. Die Nahrung sollte anfangs möglichst flüssig sein (eventuell mit dem Strohhalm trinken). Essen Sie milde, breiige Kost, zum Beispiel passierte Kartoffeln, Hafer- oder Reisschleim.

Gurgeln und Spülen

Machen Sie häufig *Spülungen* mit lauwarmem Kamillen- und/oder Salbeitee (→ Seite 74), regelmäßig im Abstand von ½ bis 1 Stunde. Bei hochentzündlichen Reizzuständen empfiehlt sich Eibischtee (→ Seite 77) zum *Gurgeln*. Eine gute Teemischung zum Spülen und Gurgeln bei Rachen- und Mundschleimhautentzündung oder beginnender Hals- und Rachenentzündung mit starken Schluckbeschwerden: Teemischung 6; bei Hals- und Rachenentzündung mit Heiserkeit: Teemischung 7; geschmacks- und reizempfindliche Patienten mit Rachen- und Mundschleimhautentzündung gurgeln am besten mit der Teemischung 8 (alle Teemischungen → Seite 72–86).

Zusätzlich zum Gurgeln mit Tee oder statt dessen empfehlen sich Spülungen mit Salzwasser, am besten Emser Salz oder, wenn nicht vorhanden, Meer- oder Kochsalz (→ Seite 63).

Bei Mundhöhlenentzündungen können Sie nach der Spülung 1 Teelöffel Heilerde ultrafein (Firma Luvos) trocken in den Mund nehmen, gut einspeicheln, bis das Pulver zu einem wäßrigen, dünnen Brei geworden ist, und damit gurgeln. Wenn Ihnen das zu unangenehm ist, können Sie 1 Teelöffel Heilerde in 1/4 Glas Kamillentee (→ Seite 74) rühren und diese wäßrige Aufschwemmung zum Gurgeln benutzen; anschließend mit 1 Teelöffel Symbioflor I (Firma Symbiopharm) spülen und gurgeln.

Heilerde

Zur Steigerung der Abwehrkräfte empfiehlt sich die Teemischung 5 (→ Seite 75) – täglich 3- bis 4mal 1 Tasse lauwarmen Tee schluckweise trinken.

Medikamente

Bitte nehmen sie keine unverdünnten alkoholischen Zubereitungen (Medikamente mit der Angabe »enthält Äthanol«); sie können die entzündete Schleimhaut zusätzlich reizen. Am besten eignen sich Dragees oder Zäpfchen, zum Beispiel:

Dragees, Zäpfchen, Tropfen

- Angocin Dragees – täglich 3- bis 4mal 4 Dragees, bei stärkeren Beschwerden stündlich 2 Dragees; Contramutan-Zäpfchen – täglich 3mal 1 Zäpfchen einführen, bei stärkeren Beschwerden stündlich 1 Zäpfchen.
- Wenn Sie weder Dragees einnehmen noch Zäpfchen einführen können oder wollen, verwenden Sie Contramutan-Tropfen, toxi-loges-Tropfen oder ein anderes echinazinhaltiges Medikament in verdünnter Form: jeweils 20 Tropfen in etwas angewärmten Kamillen- oder Salbeitee (→ Seite 74) oder in die Teemischung 5 (→ Seite 75) geben, den Tee schluckweise trinken.
- Tonsilgon-Dragees oder Tropfen (Firma Bionorica) sind pflanzliche Medikamente, die entzündungshemmend wirken und eine Heilwirkung auf die Schleimhaut ausüben – täglich 3- bis 6mal 2 Dragees oder 20–40 Tropfen.

Wickel für die Nacht

Wenn Sie starke Schmerzen haben, empfehle ich für die Nacht einen heißen *Halswickel*, sonst ist der entzündungshemmende kalte Halswickel geeignet (→ Seite 55). Noch besser jedoch ist ein Quarkwickel (→ Seite 55), den Sie je nach Bedürfnis warm oder kalt anwenden können (über Nacht liegenlassen). Eine gute schmerzstillende Wirkung hat auch der Kartoffelwickel (→ Seite 55), den Sie auch erst morgens wieder abnehmen. Einfacher in der Anwendung ist ein Halswickel mit Enelbin-Paste (→ Seite 56).

Die wichtigsten Homöopathika

Arum triphyllum D4 – bei Rachenentzündung mit Heiserkeit – täglich 3mal 1 Tablette im Mund zergehen lassen, solange die Beschwerden bestehen.
Apis D3 – bei Entzündungen mit Schwellung der Mund- oder Rachenschleimhaut – täglich mehrmals 5 Tropfen auf die Zunge geben, solange die Beschwerden bestehen.
Mercurius sublimatus corrosivus D12 – bei Mundfäule – täglich 3mal 5 Tropfen, nur 3 bis 7 Tage lang einnehmen.
Homöopathische Komplexmittel
Asa oplx. (Firma Madaus) und *Mercurius cyanatus oplx.* (Firma Madaus) – bei Mundfäule im Wechsel – täglich 3mal 15 Tropfen.
Meditonsin (Firma Medice) – bei beginnender Mund- und Rachenentzündung – je nach Heftigkeit der Beschwerden täglich 3mal bis stündlich 20 Tropfen, vor dem Schlucken einige Zeit im Mund behalten, 1 bis 3 Tage lang.
Symbioflor I® – stündlich 1 Teelöffel. Das Mittel eignet sich auch zum Gurgeln.

Mandelentzündung (Angina)

Zum Arzt!

Die Mandelentzündung (lateinisch *angina* = Enge – durch Schleimhautschwellung wird der Rachenraum eingeengt) tritt häufig im Verlauf einer Erkältungskrankheit auf. Sie ist immer Ausdruck einer ernstzunehmenden Allgemeinerkrankung und Beweis dafür, daß der Körper versucht, sich über eine Eiterung von Giftstoffen zu befreien.

Die Symptome

Starke Halsschmerzen und Schluckbeschwerden, manchmal strahlen die Schmerzen bis in die Ohren oder die Zähne aus.

Wenn Sie mit Hilfe von Spiegel und Taschenlampe in die Mundhöhle hineinsehen, können Sie die geschwollenen und geröteten, häufig auch eitrigen Mandeln erkennen. In der Regel, jedoch nicht immer, fühlen Sie sich schwer krank und wie zerschlagen, haben Fieber, Schüttelfrost und Gliederschmerzen.
Wichtig: Sie müssen bei einer Mandelentzündung immer einen Arzt konsultieren! Eine verschleppte Angina kann schwere Erkrankungen nach sich ziehen wie Rheuma, Herz- und Nierenerkrankungen.

Unterstützung der ärztlichen Therapie

Der Versuch des Körpers, sich von Giftstoffen zu befreien, muß unbedingt mit natürlichen Maßnahmen unterstützt werden. Bettruhe in einem gut belüfteten, eher kühlen als warmen Raum ist selbstverständlich.

Bäder und Packungen

Beim Auftreten der ersten Krankheitszeichen machen Sie ein *temperaturansteigendes Fußbad* (→ Seite 43), das Sie im Abstand von 1 bis 2 Stunden wiederholen können.
Wirksamer als Fußbäder sind jedoch *temperaturansteigende Halbbäder* (→ Seite 44), noch besser *Ganz- oder Dreiviertelpackungen* (→ Seite 57). Wenn Sie sehr matt sind, eignen sich am besten *Körperwaschungen* (→ Seite 49), die auch im Liegen durchgeführt werden können.

Entgiftung über den Darm

Serieneinläufe im Abstand von 2 Stunden sind ratsam, um den Entgiftungsvorgang über den Darm zu fördern. Außerdem sollten Sie mit Hilfe von *salinischen Mitteln* (→ Seite 61) für eine tägliche Darmentleerung sorgen. Vielleicht fasten Sie auch *einige Tage* (nur Tee oder Saft trinken, → Seite 88); die Entgiftung wird dadurch in hervorragender Weise unterstützt. Danach nehmen Sie nur leichte und gut bekömmliche Kost zu sich.

Warme oder kalte Wickel

Als lokale Anwendung *Halswickel* (→ Seite 55); Wickel mit warmem Wasser wirken schmerzstillend, mit kaltem entzündungshemmend. Eine gute schmerzstillende Wirkung hat ein warmer Enelbin-Wickel; eine gute entzündungshemmende und entgiftende Wirkung der kalte Quark-Wickel. (Anleitung für alle Wickel finden Sie auf Seite 51).

Gurgeln

Zum Gurgeln eignen sich Kamillen- und Salbeitee (→ Seite 74), außerdem, wenn die ersten Halsbeschwerden auftreten, Teemischung 5; bei starken Schluckbeschwerden ist die Teemischung 6 besser, geschmacksempfindliche Patienten sollten die Teemischung 8 verwenden (alle Teemischungen → Seite 72–86).

Naturheilmittel bei Angina

Medikamente

- Angocin (Firma Repha) – täglich 3- bis 4mal 4 Dragees, bei heftigen Beschwerden anfangs stündlich 2 Dragees.
- Kinder und Patienten, die keine Tabletten schlucken können, nehmen Echtrosept (Firma Vogel & Weber): Kinder täglich 3mal 10 Tropfen, Erwachsene täglich 3mal 20 Tropfen, bei starken Beschwerden stündlich 8 bis 10 Tropfen.
- Außerdem empfiehlt sich die Einnahme von Symbioflor I, es muß jedoch sehr hoch dosiert werden: in den ersten Tagen bis zum Abklingen der Beschwerden alle 15 bis 60 Minuten 1 Teelöffel des Mittels in den Mund nehmen, etwas gurgeln, danach erst schlucken; sind die Beschwerden abgeklungen, noch 2 bis 3 Wochen täglich 3- bis 6mal 1 Teelöffel.

Geschmacksempfindliche Patienten nehmen Symbioflor I zusammen mit 3 bis 4 Eßlöffel Kamillentee oder der Teemischung 5. Bei häufiger auftretenden Halsentzündungen sollte nach der Symbioflor-Einnahme eine Symbiosclenkung (→ Seite 91) durchgeführt werden.

Wählen Sie das richtige Mittel

Die wichtigsten Homöopathika

Belladonna D4 – beim ersten Zeichen einer akuten Mandelentzündung – je nach Grad der Beschwerden täglich 3mal 5 Tropfen bis stündlich 5 Tropfen vor dem Essen auf die Zunge geben, solange die Beschwerden bestehen.

Apis D4 – wenn die Mandeln bereits hochrot sind und sich stechende Schmerzen einstellen – je nach Grad der Beschwerden täglich 3mal 5 Tropfen bis stündlich 5 Tropfen, solange die Beschwerden bestehen.

Mercurius solubilis D4 – bei beginnender eitriger Angina – täglich 3mal 5 Tropfen, nur solange die Erkrankung besteht!

Myristica D4 – wenn der Arzt einen Mandelabszeß festgestellt hat – 3 bis 5 Tage täglich 3mal 5 Tropfen.
Homöopathische Komplexmittel
Lymphomyosot (Firma Heel) – bei nichteitriger Mandelentzündung – stündlich 20 Tropfen.
Angin-Heel und Traumeel (Firma Heel) – bei eitriger Angina und dann, wenn der Arzt Scharlach festgestellt hat – in stündlichem Wechsel je 1 Tablette in jede Backentasche stecken und langsam zergehen lassen.

Was der Arzt tun kann

In schweren Fällen: Antibiotika

Neuraltherapie (Procain-Injektionen an die Mandelpole), Eigenblutspritzen zusammen mit einem echinazinhaltigen Medikament (anfangs jeden zweiten Tag), Ozonwasserspülungen, Symbioselenkung. Manche Ärzte setzen auch Blutegel. Bei dieser Therapie heilen auch schwere Mandelentzündungen in der Regel innerhalb von 2 bis 3 Tagen ab. Wenn ein Antibiotikum notwendig wird, muß Symbioflor I abgesetzt werden!

Nicht zu früh belasten

Anmerkung: Sehr oft fühlt sich der Patient schon nach 1 bis 2 Tagen wieder beschwerdefrei. Er ist aber unbedingt weiterhin schonungsbedürftig und muß die Therapie noch mehrere Tage fortsetzen! Es passiert sehr häufig, daß Patienten, die sich zu früh belasten, einen schweren Rückfall bekommen.

Entzündung der unteren Atemwege (Bronchitis)

Unkompliziert bis lebensgefährlich!

Die Bronchitis ist neben dem Schnupfen die häufigste Entzündung der Atemwege; sie gilt sogar als die häufigste Erkrankung überhaupt. Oft tritt sie zusammen mit der fieberhaften Erkältungskrankheit auf, meist als Folge einer aus den oberen Atemwegen (Nase, Nebenhöhlen und Rachen) absteigenden Infektion. Begünstigt wird ihr Auftreten durch Mundatmung. Eitriger Auswurf ist der Hinweis auf eine bakterielle Infektion (Zweitinfektion → Seite 114). Im allgemeinen verläuft die Bronchitis unkompliziert. Lebensgefährlich kann sie bei Säuglingen und Kleinkindern werden, weil ihr Abwehrsystem noch nicht voll ausgebildet ist, bei Menschen im hohen Alter sowie bei krankheitsbedingter Abnahme der Abwehrkräfte. Wichtigstes Symptom ist der Husten, sein Charakter, seine Beschaffenheit geben Hinweise auf die Art und die Lokalisation der Atemwegserkrankung. Meist zu Beginn einer akuten Bronchitis tritt der trockene, harte und sehr quälende Reizhusten auf mit nur geringer Absonderung von zähem Schleim. Ein krampfartiger Husten mit ziehendem und pfeifendem Atemgeräusch und Atemnot ist Hinweis für eine spastische Bronchitis oder Asthma; Keuchhusten hingegen zeigt sich in Form von Anfällen mit salvenartigen Hustenstößen; der Krupphusten zeigt sich als weithin hörbarer bellender Husten (auch Schafshusten genannt).

Reizhusten, Krampfhusten, Keuchhusten

Wichtig: Starker Husten bei schlechtem Allgemeinzustand mit starker Müdigkeit und hohem Fieber können Zeichen für eine Lungenentzündung sein – *bitte unverzüglich den Arzt benachrichtigen!*

Den Arzt rufen!

Die Symptome

Die ersten Anzeichen der unkomplizierten akuten Bronchitis sind Brennen und Wundschmerz unter dem Brustbein mit »Kitzelgefühl« im Kehlkopf, bald darauf tritt heftigster Reizhusten auf mit nur geringer Absonderung von zähem Schleim, der noch festsitzt. Häufig tritt der Husten anfallsartig auf, beispielsweise bei schnellem Temperaturwechsel und Lageänderung (Hinlegen). Nach einigen Tagen wird der Husten locker, der Schleim löst sich und läßt sich besser abhusten; zunächst ist der Schleim noch weiß, später wird er gelblich, aber noch nicht eitrig (gelb oder gelbgrün). Allgemeines Krankheitsgefühl und Fieber kommen im Verlauf einer akuten Bronchitis häufig vor.

Brennen und Wundschmerz

Die Behandlung

In der akuten Phase einer Bronchitis sollten Sie 3- bis 4mal täglich *inhalieren*, am besten mit Kamillen- und/oder Salbeitee (→ Seite 74). Zur besseren Schleimlösung können Sie diesem Inhalat Thymiankraut oder 1 bis 3 Tropfen japanisches Heilpflanzenöl (Firma Rödler) oder Olbas beigeben. Bei trockenem Reizhusten inhalieren Sie mit der Teemischung 9; bei spastischem (krampfartigem) Husten und Keuchhusten

Inhalationen

mit der Teemischung 10 (Teemischungen → Seite 72–86). Schleimlösende Wirkung haben auch die Inhalationen mit Emser Salz. Auch wasserlösliche Salben können Sie aus einem von der Herstellerfirma dafür mitgelieferten Gerät inhalieren – beispielsweise Transpulmin Balsam (Firma Homburg) oder Bronchoforton Salbe (Firma Plantorgan).

Hustentees und Hustensäfte

Schleimhaltige Hustenmittel

Im akuten, trockenen, gereizten Stadium der Bronchitis sind schleimhaltige Hustenmittel am besten geeignet, sie wirken entzündungshemmend und schmerzlindernd (→ Seite 77),

- bei akuter Bronchitis mit trockenem Reizhusten: Teemischung 11; bei akutem Reizhusten, wenn Rachen- und Kehlkopfentzündungen schon abgeklungen sind: Teemischung 12;
- zum besseren Abhusten bei akuter Bronchitis, wenn sich bereits zäher Schleim bildet: Teemischung 13;
- bei akuter Bronchitis mit schlechtem Allgemeinzustand und Fieber – auch bei Kindern sehr beliebt – als der wohlschmeckende »Bunte Brusttee«: Teemischung 14. Dieser Tee kann zur Behandlung aller Erkrankungen, die mit Husten einhergehen, getrunken werden.

(Alle Teemischungen gegen Husten → Seite 72–86).

Kinder nehmen auch sehr gerne Hustensaft:

- bei akuter Bronchitis mit trockenem schmerzhaftem Reizhusten: Eibisch-Sirup (→ Seite 77);
- bei akuter Bronchitis mit zähem Schleim zum besseren Abhusten: Spitzwegerich-Sirup (→ Seite 79);
- bei Krampfhusten (Keuchhusten, spastische Bronchitis und Asthma): Fenchelhonig (→ Seite 83).

Hustensaftmischung

Man kann alle Säfte zu gleichen Teilen mischen und im Abstand von 2 Stunden 1 bis 2 Teelöffel dieser Mischung verabreichen. Die einzelnen Stoffe verstärken sich gegenseitig in ihrer Wirkung.

Zwiebelsaft, Flechtenhonig

Zur Schleimlösung hilft Zwiebelsaft (→ Seite 70); ein einfaches Rezept bekam ich vor Jahren von der Mutter eines kleinen Patienten. Zur Behandlung des Hustens bei Kindern gibt es Flechtenhonig (Lichenes comp., Firma Weleda) als Fertigpräparat. Diesen Saft kann man auch schon Säuglingen verabreichen. Er unterdrückt den Husten nicht, sondern löst den Schleim und fördert die Abwehrkräfte. Bei Krampfhusten eignet sich eher Monapax Saft – Einnahmevorschriften für beide Präparate sind dem Beipackzettel zu entnehmen.

Wickel und Einreibungen

Brustwickel

Feuchtkühle und feuchtwarme *Brustwickel* (→ Seite 54) sind heute weitgehend durch Salbeneinreibungen verdrängt worden. In leichteren Fällen der Bronchitis (kein Fieber und keine sonstigen Zeichen für eine Erkrankung) können Sie Einreibungen durchführen mit Balsalyt-Salbe (Firma Madaus), die Wirkstoffe der Kapuzinerkresse (→ Seite 69) enthält. Diese Stoffe dringen durch die Haut ein und können in geringem Maß Bakterien abtöten. Wirksamer jedoch ist der »klassische« Senfwickel (→ Seite 54). Bei Säuglingen und Kleinkindern hat sich besonders der Plantago-Bronchialbalsam der Firma Wala bewährt.
Bei Husten mit zusätzlichen atemabhängigen Schmerzen im Brustkorbbereich, der Brustneuralgie, empfehle ich eine Einreibung mit Palatol (Firma Pascoe). Auch Transpulmin-Balsam und Bronchoforton eignen sich für Einreibungen. Wenn Sie sich selbst einen Balsam zusammenstellen möchten: auf Seite 83 finden Sie ein Rezept mit ätherischen Ölen.

Anwendung zur Entgiftung

Fußbäder

Bei einem leichteren Verlauf der Bronchitis (kein Fieber, kein Krankheitsgefühl) sollten in den beiden ersten Tagen temperaturansteigende Fußbäder (→ Seite 43) durchgeführt werden. Auch ein Saunabesuch (→ Seite 49) nach üblichen Regeln ist anzuraten, oder ein 1- bis 1½stündiger Fußmarsch (in wärmerer Bekleidung als der Jahreszeit angemessen).

Halbbäder

Bei Bronchitis mit beginnenden, leichteren Krankheitsbeschwerden ist ein temperaturansteigendes Halbbad (→ Seite 44) hilfreich; bei schwerer Bronchitis sind Körperwaschungen, am besten Serienwaschungen (→ Seite 50), Ganz- oder Dreiviertelpackungen (→ Seite 57) nützlich. Wenn diese Anwendungen zu anstrengend sein sollten, beispielsweise bei hohem Fieber, ist ein kalter Brustwickel zu empfehlen; bei Schüttelfrost oder falls Sie den kalten Wickel nicht vertragen sollten, eignet sich ein warmer oder heißer

Brustwickel (→ Seite 54). Bei Kindern mit fieberhafter Bronchitis ist das Rumpfreibebad (→ Seite 46) zu empfehlen.

Entgiftung

Mehrmals täglich Einläufe – bei hohem Fieber alle 2 Stunden, sonst genügen 2 bis 3 Einläufe pro Tag. Zusätzliche salinische Mittel, um die Verdauungstätigkeit anzuregen und über tägliche Darmentleerungen eine bessere Entgiftung zu erreichen.

Medikamente

- Tromacaps (Firma Madaus) – am ersten Tag 3mal 2 Kapseln, vom zweiten Tag an täglich 3mal 1 Kapsel, solange die Beschwerden bestehen. Falls es nicht vertragen werden sollte, wechseln Sie auf Angocin (Firma Repha) über – mindestens 3- bis 4mal täglich 4 Dragees, bei starken Beschwerden stündlich 2 bis 3 Dragees.
- Kinder und Patienten, die keine Dragees schlucken können, nehmen Echtrosept-Tropfen (Firma Vogel & Weber) – täglich 3mal 20 Tropfen; kleine Kinder, je nach Heftigkeit der Erkrankung, täglich 3mal 8 bis 10 Tropfen bis stündlich 8 bis 10 Tropfen. Außerdem Symbioflor I – je nach Heftigkeit der Beschwerden täglich 3mal 1 Teelöffel bis stündlich 1 Teelöffel, 1 bis 2 Wochen lang.

Stärkt die Abwehrkräfte

An die Behandlung kann sich eine Symbioselenkung anschließen.

Hustenblocker

Wichtig: Nehmen Sie codeinhaltige Hustenblocker nur bei sehr starkem, quälendem Husten, dem sogenannten »unproduktiven« Husten ein, wenn sich also der Schleim nicht löst.
Ein gutes Fertigpräparat bei Husten ist Droserapect (Firma Vogel & Weber) – die Dosierung entnehmen Sie bitte dem Beipackzettel; dieses Mittel ist codeinfrei, hat aber durch Zusatz von Alant eine ähnliche Wirkung. Das Fertigpräparat Prospan-Tropfen (Firma Engelhard) – Dosierung wie auf dem Beipackzettel angegeben – wirkt schleimlösend und entkrampfend bei Reizhusten, Keuchhusten, Krupphusten.

Die wichtigsten Homöopathika

Aconit D3 – bei akuter, fieberhafter Bronchitis, wenn sich die Haut trocken und heiß anfühlt – stündlich 5 Tropfen bis zur Besserung der Beschwerden, dann täglich 3mal 5 Tropfen für weitere 3 bis 4 Tage.

Entscheidend für die Wahl des Mittels –

Belladonna D4 – bei starker Neigung zum Schwitzen – anfangs stündlich 5 Tropfen, bei Besserung der Beschwerden täglich 3mal 5 Tropfen.
Bryonia D4 und *Phosphor D4* – bei Gefahr einer Lungenentzündung oder bei Lungenentzündung – in stündlichem Wechsel täglich je 3mal 5 Tropfen, solange die Beschwerden bestehen.
Mercurius solubilis D4 – bei eitriger Bronchitis – täglich 3mal 5 Tropfen, 3 bis 5 Tage lang.
Kalium bichromicum D4 – bei Übergang zur chronisch eitrigen Bronchitis – täglich 3mal 5 Tropfen, 2 bis 10 Wochen lang, eventuell länger.
Ammonium carbonicum D12 – bei schwer löslichem Husten – täglich 1mal 5 Tropfen morgens nüchtern, 1 bis 2 Wochen lang.
Drosera D4, Rumex D4, Sticta pulmonaria D4, Corallium rubrum D4 – bei krampfartigem Husten – zu gleichen Teilen gemischt täglich 3- bis 6mal 20 Tropfen, solange die Erkrankung besteht.

– das Beschwerdenbild

Homöopathische Komplexmittel
Tartephedreel, Drosera-Homaccord, Husteel (Firma Heel) – bei Krampfhusten, Keuchhusten, Krupphusten – zu gleichen Teilen gemischt, täglich 3- bis 5mal 20 Tropfen über lange Zeit.

Was der Arzt tun kann

Neuraltherapie (Procain-Quaddeln über dem Brustraum), Akupunktur bei starkem Reizhusten. Eigenblutspritzen zur Anregung der Abwehrkräfte, eventuell Aufsetzen von Schröpfgläsern auf den Brustkorb.

Lungen- und Rippenfellentzündung

Schwere Atemwegserkrankungen

Lungen- und Rippenfellentzündung sind sehr schwere Atemwegserkrankungen, die unbedingt vom Arzt behandelt werden müssen! Besonders gefährlich können sie im Säuglings- und in sehr hohem Alter (Greisenalter) werden, außerdem dann, wenn noch andere Erkrankungen bestehen. Sie treten in der Regel nur auf, wenn die körpereigenen Abwehrkräfte geschwächt sind.

Hier muß der Arzt entscheiden!

Wenn es Ihnen sehr schlecht geht und Sie fürchten, eine dieser Erkrankungen zu haben, müssen Sie sofort den Arzt rufen! Sollte er eine Lungen- oder Rippenfellentzündung feststellen, wird in der Regel die Einnahme eines Antibiotikums notwendig. Sie sollten aber – nach Rücksprache mit dem Arzt – die ärztliche Behandlung durch natürliche Anwendungen unterstützen.

Unterstützung der ärztlichen Therapie

Was Sie selbst tun können

Zusätzlich zu den Anordnungen des Arztes sollten Sie 2- bis 3mal täglich Inhalationen und Einreibungen machen.
Zur *Inhalation* eignen sich bei trockenem Reizhusten Kamillentee (→ Seite 74) und die Teemischung 9 (→ Seite 76); wenn sich der Schleim zu lösen beginnt, die Teemischung 10 (→ Seite 76).
Zum *Einreiben* können Sie Salbenpräparate verwenden wie Transpulmin (Firma Homburg) und Bronchoforton (Firma Plantorgan), die, in heißem Wasser aufgelöst, auch zur Inhalation geeignet sind.
Auch eine *Behandlung mit Tee* ist empfehlenswert: Trinken Sie zur Linderung von Schmerzen bei trockenem Reizhusten die Teemischung 11; wenn sich der Schleim bereits löst, Teemischung 14 (Teemischungen → Seite 72–86). Für Kinder ist der *Eibisch-Sirup* (→ Seite 77) zur Linderung der Schmerzen bei trockenem Reizhusten empfehlenswert, der *Flechtenhonig* (→ Seite 80) dann, wenn sich der Schleim bereits löst. Dosierung beider Mittel: 1- bis 2mal stündlich 1 Teelöffel Sirup beziehungsweise Honig.

Wie Sie Ihrem Kind helfen

Packungen und Wickel sollten bei Lungen- und Rippenfellentzündung nur auf ärztliche Verordnung durchgeführt werden.

Der heilsame Senfwickel

Eine sehr gute durchblutungsfördernde Wirkung hat der Senfwickel (→ Seite 54); Brustwickel und Ganz- beziehungsweise Dreiviertelpackungen können ebenfalls sehr hilfreich sein (→ Seite 57). Sind Packungen für den Patienten zu anstrengend, können Ganzkörperwaschungen (Serienwaschungen, täglich im Abstand von 1 bis 2 Stunden) durchgeführt werden.

Zusätzlich sollte der Kranke *schweißtreibende Tees* oder *Säfte* trinken: Lindenblütentee (→ Seite 71), Holunderbeersaft (→ Seite 72) oder die Teemischung 1, die außerdem entzündungshemmend wirkt. Bei Fieber eignet sich die Teemischung 2 (Teemischungen → Seite 72–86).

Bäder können zu anstrengend sein; ist der Patient jedoch nicht zu sehr geschwächt, empfehlen sich bei Fieber das Rumpfreibebad nach Kuhne (→ Seite 46) oder ein Auslaugebad (→ Seite 47), das hervorragend entgiftet. Beide Bäder dürfen jedoch nur nach Rücksprache mit dem Arzt durchgeführt werden.

Einläufe und Heilfasten

Weitere wichtige Entgiftungsmaßnahmen sind *Serieneinläufe* (→ Seite 61).

Am besten für die Entgiftung des Körpers, zur Entlastung des Stoffwechsels und um Energie zu sparen, ist das *Heilfasten*, zumindest während der akuten Phase der Erkrankung. Den meisten Patienten wird das Fasten nicht schwerfallen, weil sie ohnehin keinen Appetit haben. Der Kranke muß jedoch viel trinken – entweder einen der schweißtreibenden Tees oder Hagebuttentee (→ Seite 68, 72), Schwarzen Johannisbeersaft oder Zitronensaft (→ Seite 68, 69). Auch Sanddornsaft, der reichlich Vitamin C enthält, sollte in größeren Mengen (4- bis 6mal täglich 1 Eßlöffel) verabreicht werden. Zur Steigerung der körpereigenen Abwehr ist die Einnahme (häufig und hochdosiert) eines *echinazinhaltigen Medikaments* notwendig.

Homöopathische Komplexmittel

Pneumodoron I und II (Firma Weleda) – 2 bis 3 Tage stündlich je 10 Tropfen im Wechsel; bei Besserung der Beschwerden täglich 3mal je 20 Tropfen im Wechsel.

Was der Arzt tun kann

Wichtig

Gehen Sie bei Husten – vor allem, wenn er längere Zeit besteht – zum Arzt, damit die Ursache abgeklärt wird.

Neben der unter Umständen notwendigen Antibiotikabehandlung sind Neuraltherapie (Quaddeln über Brustkorb und Rücken), Schröpfglasbehandlungen und Eigenblutspritzen angezeigt.

Infektanfälligkeit und chronische Atemwegsinfekte

Zwischen der Infektanfälligkeit und einem chronischen Atemwegsinfekt besteht ein enger Zusammenhang: Ein chronischer Infekt kann sich aus einer Infektanfälligkeit entwickeln. Diese beiden Krankheiten unterscheiden sich jedoch in einem sehr wesentlichen Punkt: Während die Infektanfälligkeit mit Hilfe einer konsequenten naturgemäßen Behandlung zu heilen ist, handelt es sich bei chronischen Infekten um Erkrankungen, die meist nicht mehr vollständig ausheilen.

Ständige Abwehrschwäche

Die Infektanfälligkeit, ausgelöst durch eine ständige Abwehrschwäche des Körpers, tritt in akuten Schüben auf – in immer wiederkehrenden entzündlichen Reaktionen der Atemwegsschleimhaut, häufig verbunden mit Fieber, Abgeschlagenheit, Kopf- und Gliederschmerzen, Appetitlosigkeit. Zwischen den einzelnen Schüben ist der Patient in der Regel beschwerdefrei, jedoch nicht gesund. Ist die Infektanfälligkeit leichterer Art, treten akute Schübe seltener auf; bei Weiterentwicklung der Krankheit folgen sie immer schneller aufeinander, bis schließlich ein Schub in den nächsten übergeht – damit ist der chronische Infekt entstanden.

Die Diagnose stellt der Arzt

Der Übergang von Infektanfälligkeit zum chronischen Infekt (→ auch Seite 115) ist fließend; er wird vom Patienten kaum registriert. Nur der Arzt ist in der Lage, diese Erkrankungen voneinander zu unterscheiden.

Schädigung der Atemwegsschleimhaut

Der chronische Atemwegsinfekt entwickelt sich langsam, über Monate bis Jahre, seine Ursache ist eine Schädigung oder gar teilweise Zerstörung der Atemwegsschleimhaut. Auch bei dieser Krankheit kann der Patient – außer den Beschwerden, die ihm als Symptome akuter Erkältungskrankheiten bereits lange bekannt sind – zunächst relativ wenig andersartige Beschwerden haben. Der chronische Atemwegsinfekt jedoch bedeutet für die Gesundheit des Menschen eine große Bedrohung, weil er das Entstehen anderer schwerer Erkrankungen begünstigt.

Es gibt einige vom Betroffenen kaum erfaßbare, jedoch sehr wesentliche Unterschiede zwischen der Infektanfälligkeit und einem chronischen Atemwegsinfekt:

Das müssen Sie wissen

Die Infektanfälligkeit	Der chronische Infekt
Tritt auf in Schüben, in häufigen akuten Infekten mit beschwerdefreien Zwischenzeiten.	Zeigt sich in Dauerbeschwerden unterschiedlicher Stärke.
Die Schleimhaut ist geschwächt, aber (noch) nicht geschädigt.	Die Schleimhaut ist geschädigt, sogar teilweise oder weitgehend zerstört.
Es handelt sich in der Regel um Virusinfekte.	Es handelt sich in der Regel um bakterielle Entzündungen (Zweitinfektionen).
Der abgesonderte Schleim ist wäßrig.	Der abgesonderte Schleim ist in der Regel eitrig.
Behandlung mit dem Ziel, zu heilen.	Behandlung mit dem Ziel, Symptome und Beschwerden zu lindern.
Kann durch naturgemäße Behandlung vollständig ausgeheilt werden.	Heilt trotz Behandlung nicht mehr vollständig aus. Dauerbeschwerden können aber wesentlich gelindert werden.

Krankheitsursachen

Die Ursachen dafür, daß Infektanfälligkeit und chronische Atemwegsinfekte entstehen, sind zum einen in den Umweltbelastungen zu suchen, denen wir heute ständig ausgesetzt sind (Einatmen von Schadstoffen aller Art wie Tabakrauch, »die konzentrierteste Form der Luftverschmutzung«), zum anderen in unseren falschen Lebensgewohnheiten (Bewegungsmangel, falsche Ernährung und mangelnde Abhärtung). Auch eine konstitutionell bedingte (ererbte) Schwäche der Schleimhaut und damit des Abwehrsystems, angeborene oder erworbene Veränderungen der Atemwege (beispielsweise durch Allergien!) können das Entstehen dieser beiden Erkrankungen begünstigen. In den meisten Fällen jedoch ist deren Beginn darauf zurückzuführen, daß akute Infekte niemals vollständig ausgeheilt wurden.

Es ist ein Teufelskreis: Akute Infekte treten immer häufiger auf, die Atemwegsschleimhaut wird von Mal zu Mal anfälliger für Viren und Bakterien, der Körper verliert zunehmend an Widerstandskraft. Sehr oft greift der Patient zu unterdrückenden und symptomverdrängenden Medikamenten und schont sich nicht.

Die Atemwegsschleimhaut – Schutzwall unseres Körpers

Bei einem chronischen Infekt ist die Atemwegsschleimhaut chronisch entzündet, sie heilt nicht mehr aus und geht schließlich teilweise oder völlig zugrunde. Somit kann sie ihrer wichtigen Aufgabe der Säuberung und Abwehr nur noch teilweise oder überhaupt nicht mehr gerecht werden. Häufig kommt es dann zu spastischer Bronchitis und Asthma. Starke Medikamente wie Antibiotika, Husten- und Asthmamittel können in dieser Entwicklungsphase der Erkrankung nur noch für jeweils kurze Zeit helfen.

Lassen Sie es nicht soweit kommen

Während sich eine angegriffene Schleimhaut bei einer Infektanfälligkeit durch konsequente naturgemäße Behandlung immer ausheilen läßt, kann eine geschädigte oder gar zerstörte Schleimhaut auch mit natürlichen Heilmitteln nicht mehr aufgebaut werden. Das bedeutet, daß naturgemäße Behandlungsmethoden bei chronischen Infekten zwar lindernd wirken können, unter Umständen aber von Zeit zu Zeit oder dauernd auch stark wirkende Medikamente eingesetzt werden müssen. Je länger ein chronischer Atemwegsinfekt besteht, desto langwieriger ist auch dessen naturgemäße Behandlung, die sich aber immer lohnt.

Ich muß noch einmal betonen: Jeder, auch der kleinste akute grippale Infekt muß durch Anregung der Abwehrkräfte und Entgiftung des Körpers vollständig ausgeheilt werden! Denken Sie daran, daß aus einer Infektanfälligkeit fast unbemerkt ein chronischer Infekt werden kann mit Folgeschäden, die nicht mehr auszuheilen sind.

Konsequent behandeln

Die naturgemäße Behandlung einer Infektanfälligkeit ist nur dann sinnvoll, wenn sie so lange konsequent durchgeführt wird, bis der Patient beschwerdefrei ist und monate- bis jahrelang keine gehäuften Infekte mehr auftreten.

Sie brauchen viel Geduld – am Ende jedoch wird sich die Mühe lohnen: Infekthäufigkeit und Infektschwere lassen nach. Die beste Therapie ist jedoch erfolglos, wenn der Patient nicht bereit ist, seine falschen Lebensgewohnheiten zu ändern, wenn er nicht bereit ist, aktiv an seiner Gesundung mitzuarbeiten.

Behandlung durch den Arzt!

Die Behandlung der Infektanfälligkeit und die der chronischen Atemwegsinfekte wird vom Arzt bestimmt. Sie können die ärztliche Therapie jedoch mit sinnvollen Maßnahmen unterstützen.

Während des akuten Schubs können Sie sich mit Maßnahmen helfen, die in den jeweiligen Kapiteln der akuten Erkrankungen beschrieben sind.

Zur dauerhaften Unterstützung der ärztlichen Therapie sollten Sie sich um eine Verbesserung der Schleimhautfunktion (Schleimhautpflege) und um eine Stabilisierung der allgemeinen Abwehrlage kümmern.

Schleimhautpflege

Schneuzen Sie »sanft«, ohne großen Druck, nur den Schleim, der sich leicht hinausbefördern läßt. Zu starkes Pressen kann dazu führen, daß viren- und bakterienhaltiger Schleim in die Nasennebenhöhlen und in die Ohrtrompete eindringt. Halten Sie beim Schneuzen jeweils ein Nasenloch zu.

Unterdrücken Sie niemals einen Niesreiz; er entsteht, wenn sich die Nase von etwas Fremdem befreien will. Unterdrücken Sie auch nie einen Hustenreiz; durch richtiges Abhusten werden Sie angesammelten Schleim rasch los. Versuchen Sie, stets durch die Nase zu atmen.

Statt Nasentropfen: Salzspülungen

Abschwellende Nasentropfen sollten Sie bei einer chronisch verstopften Nase keinesfalls auf Dauer verwenden; die Nasenschleimhaut wird dadurch zerstört. Spülen Sie vielmehr Ihre Nase regelmäßig mit salzhaltigem Wasser (Nasenspülungen mit Emser Salz, → Seite 63).

Befeuchtung der Raumluft

Stellen Sie in zentralbeheizten Räumen Schüsseln mit Wasser auf die Heizkörper, oder benutzen Sie einen Luftbefeuchter. Die Atemluft sollte 30 bis 50 Prozent relative Luftfeuchtigkeit besitzen.

Vorsicht mit Wattestäbchen

Reinigen Sie die Ohren nicht mit Wattestäbchen; es kann passieren, daß Sie dabei das Ohrschmalz in den Gehörgang hineinschieben, wo es festgedrückt werden und Entzündungen hervorrufen kann. Jede mechanische Reinigung des äußeren Gehörgangs verstärkt überdies die Produktion von Ohrschmalz.

Wenn Sie zu Mittelohr- oder Nasennebenhöhlenentzündungen neigen, sollten Sie beim Schwimmen nicht tauchen; auf diese Weise können Sie eine Bade-Otitis oder Bade-Sinusitis verhindern.

Gurgeln

Bei häufigen Halsentzündungen sollten Sie regelmäßig mit Emser Salz, Salbei- und/oder Kamillentee gurgeln.

Zahnpflege – nicht nur wichtig für die Zähne!

Eine gründliche tägliche Zahnpflege – morgens und abends sowie nach jeder Mahlzeit – ist selbstverständlich. Gesunde Bakterien verdrängen und töten Krankheitserreger; Speisereste zwischen den Zähnen sind ein idealer Nährboden für allerlei ungebetene Gäste in unserer Mundhöhle. Auch das richtige Zahnputzmittel ist wichtig. Eine schäumende Zahnpasta wirkt wie Waschpulver: Sie setzt die Oberflächenspannung unseres Speichels herab, wodurch die »gesunde« Bakterienflora auf der Schleimhaut geschädigt wird. Besser ist eine nur aus natürlichen Mitteln hergestellte Zahnpaste von der Firma Weleda oder Silicea-Zahnpasta (Firma Hübner).

Stärkung der körpereigenen Abwehrkräfte

Ernähren Sie sich vollwertig (→ Seite 63).

Besonders wichtig ist das Heilfasten (→ Seite 88), eine Maßnahme, die Sie von Zeit zu Zeit zur Entgiftung des Körpers durchführen sollten.

Den Körper entgiften

Richtig entgiften bedeutet auch, den Darm zu einer regelmäßigen und ausreichenden Stuhlentleerung zu erziehen. Wenn Sie an Verstopfung leiden, können Sie sich mit ungeschrotetem Leinsamen helfen (1 bis 2 Eßlöffel abends und eventuell auch morgens mit etwas Flüssigkeit einnehmen); gewöhnen Sie sich bitte nicht an Abführmittel! Machen Sie von den so heilsamen Einläufen Gebrauch (→ Seite 59).

Beim Schwitzen entgiften Sie über die Haut. Wer zu starken Schweißausbrüchen neigt, sollte den heilsamen Schweiß auf keinen Fall unterbinden. Regelmäßige Saunabesuche

Einfache Maßnahmen – große Wirkung

sind ebenso nützlich wie der heilsame Schweißausbruch bei einem kräftigen Fußmarsch, beim Jogging (nach Rücksprache mit Ihrem Arzt), durch Serienwaschungen oder Ganzpackungen (→ Seite 50, 57).

Sie können vieles tun, um sich abzuhärten und Ihre Widerstandskräfte zu stärken: regelmäßiger Aufenthalt in frischer Luft – wenn möglich im Wald und bei jedem Wetter! Haben Sie keine Angst vor Erkältungen; wenn Sie einmal durchnäßt nach Hause kommen sollten, nehmen Sie sofort ein heißes Fuß- oder Halbbad (→ Seiten 43 und 44).

Je abgehärteter Sie sind, desto widerstandsfähiger sind Sie gegen Infekte. Auch die chronischen Atemwegsentzündungen werden sich dadurch deutlich bessern!

Den Kreislauf stärken

Gute Abhärtungsmaßnahmen, die den Kreislauf anregen, sind das Taulaufen im Sommer und das Schneelaufen im Winter (mit bloßen Füßen morgens nach dem Aufstehen). Sollte beides für Sie nicht in Frage kommen, genügt morgens auch ein kurzes kaltes Nachduschen (→ Seite 48). Im Sommer wie im Winter sollten Sie sich am offenen Fenster (aber nicht im Durchzug!) abfrottieren oder trocken bürsten. Beides regt den Kreislauf an.

Für gesundes Raumklima sorgen

Viele Menschen leben in überheizten Räumen; die günstigste Temperatur für Innenräume liegt bei 18 bis 20 °C (wenn Ihnen das zu kühl ist: wärmer anziehen, bis Sie sich an die Temperatur gewöhnt haben). Schlafen Sie nachts in kühlen Räumen, möglichst bei geöffnetem Fenster, aber vermeiden Sie, daß es zieht. Tragen Sie möglichst wollene oder baumwollene Kleidung. Ziehen Sie sich nicht zu warm an.

Was der Arzt tun kann

Bei allen chronischen Atemwegsinfekten ist die Symbioselenkung (→ Seite 91) als »probiotische« Therapie von unschätzbarem Wert. Regelmäßige Gaben eines echinazinhaltigen Medikaments (→ Seite 67) und spezieller Schleimhaut- oder Lymphmittel wie Sinupret, Sinfrontal, Tonsilgon, Lymphozil, Bronchiselect.

Wirkungsvolle Methoden

Auch Anwendungen wie Neuraltherapie, Akupunktur, Eigenblutbehandlung, Ozon-Sauerstoff-Behandlung und Enzyme stärken die Abwehrkräfte, schalten Störfelder aus, verbessern die Stoffwechselleistung, mobilisieren die Selbstheilungskräfte einer erkrankten Schleimhaut und vermögen selbst aussichtslos erscheinende chronische Entzündungszustände sehr häufig grundlegend zu bessern.

Naturgemäße Behandlung

Behandlung des ganzen Menschen

Naturheilkunde bedeutet Ganzheitsmedizin – immer wird der ganze Mensch behandelt, nicht nur das erkrankte Organ (→ Seite 8). Die Methoden der Naturheilkunde beruhen zum überwiegenden Teil auf jahrtausendealtem Wissen.

Die naturgemäße Behandlung von Erkältungskrankheiten verfolgt zwei Ziele:

- Befreiung des Körpers von Giften = Giftausleitung.
- Anregung der körpereigenen Abwehrkräfte zum Schutz vor einem Wiederauftreten der Krankheit = Aktivierung des »inneren Arztes« (→ Seite 8).

Nach diesen Grundsätzen sind die Empfehlungen für die naturgemäße Behandlung von Erkältungskrankheiten zusammengestellt; jeder Infekt, auch der kleinste, muß vollständig ausheilen.

Naturgemäße Behandlung verbessert die Abwehrleistungen der Schleimhaut. Das geschieht mit Hilfe von schleimhautschützenden und -pflegenden Maßnahmen, abschwellenden und entzündungslindernden Mitteln, durchblutungsfördernden Maßnahmen und solchen, die den Feuchtigkeitsgehalt in der Atemluft erhöhen. Gleichzeitig müssen die Abwehrleistungen im Bindegewebe (→ Seite 97) angeregt werden durch eine Reiztherapie, die mit Hilfe von milden natürlichen Wirkstoffen durchgeführt wird. Ausleitung von Bakterien, Viren und Stoffwechselgiften über die Haut, die Schleimhaut und den Darm unterstützen diese Maßnahmen in sinnvoller Weise.

Größtmögliche Heilwirkung durch gezielte Behandlung

So wie die Natur nur das unbedingt notwendige Maß an Abwehrvorgängen mobilisiert, so wird auch der naturgemäß behandelnde Arzt immer nur jene Methoden einsetzen, die mit dem geringsten Aufwand in kürzester Zeit zu größtmöglichen Heilwirkungen führen.

Im folgenden erläutere ich Ihnen die Wirkung aller Anwendungen und gebe genaue Anleitungen zu ihrer Durchführung. Im Zusammenhang mit der Behandlung der einzelnen Erkältungskrankheiten (→ Seite 11) wurde angegeben, welche Anwendung jeweils wirksam ist. Bitte halten Sie sich an die Anleitungen; nur wenn natürliche Heilmittel richtig angewendet werden, wirken sie auch richtig.

Die heilsamen Reize des Wassers

»Ein guter Arzt«, so sagte Bismarcks Leibarzt Schwenninger, »vermag mit einem nassen Handtuch mehr auszurichten als ein schlechter mit einer ganzen Apotheke.« Wer die Wirkungen von kaltem oder heißem Wasser am eigenen Leib erfahren hat, wird Schwenninger Recht geben.

Anwendungsformen

Es sind im wesentlichen vier einfache Anwendungsformen, durch die Wasser als Heilmittel eingesetzt wird: als Bad, Wickel, Waschung, Einlauf. Wasser soll prinzipiell als Reiz angewendet werden; die Wassertemperatur muß deshalb deutlich über oder deutlich unter der Körpertemperatur liegen.

- Bei **Kaltwasser-Anwendungen** soll die Wassertemperatur deutlich unter 30 °C liegen, je nach Verträglichkeit sind Temperaturen um 10 bis 15 °C und darunter am wirkungsvollsten (Leitungswasser hat eine Temperatur von etwa 14 °C).

Anregende Wirkung

Kaltwasser-Anwendungen steigern die Durchblutung von Haut und Organen, sie beleben den Stoffwechsel, regen das Lymphsystem an und stabilisieren den Kreislauf. Kaltwasser-Anwendungen unterdrücken das Fieber nicht, sondern wirken temperaturableitend; Fieber bleibt auf diese Weise als Abwehrmaßnahme unseres Körpers bestehen. Unter der Einwirkung von kaltem Wasser ziehen sich die Blutgefäße kräftig zusammen, anschließend werden sie weit und füllen sich mit Blut – die Haut rötet sich, ein Gefühl von Wärme und Wohlbehagen durchströmt den ganzen Körper. Sobald diese Reaktion eingetreten ist, sollten Kaltwasser-Anwendungen beendet werden. Zu ausgedehnte

Übertreibung schadet

Anwendungen, zum Beispiel ein zu langes Bad in kaltem Wasser, wirken sich negativ aus; denn ein zu hoher Wärmeverlust schwächt den Organismus.

Einer der wichtigsten Grundsätze aller Kneippschen Anwendungen lautet: Der Kranke darf mit Kaltwasser-Anwendungen niemals »traktiert« werden; ein bereits frierender Patient darf keine kalten Anwendungen bekommen!
Merke: Kalt nie auf kalt!

Wenn man nicht genau weiß, ob kalte oder heiße Wasseranwendungen durchzuführen sind, richte man sich nach dem Bedürfnis des Kranken.

- Bei **Warmwasser-Anwendungen** sollen die Wassertemperaturen in einem Bereich von 32 bis 35 °C liegen, Heißwasser-Anwendungen bei 37 bis über 40 °C. Warmwasser-Anwendungen erweitern die Hautgefäße allmählich; das Blut aus dem Körperinnern wird langsam an die Körperoberfläche abgeleitet. Auf diese Weise werden Blutstauungen beseitigt, wie sie bei entzündlichen Prozessen, zum Beispiel bei einer Mandelentzündung, vorhanden sind. Warmwasser-Anwendungen sind wirkungsvoll bei Patienten mit Blutarmut und nervösen Verkrampfungen, außerdem bei all jenen Menschen, die ein großes Wärmebedürfnis haben.

Hilft bei Entzündungen

Sonderformen der Warmwasser-Anwendung sind die wechselwarmen und die temperaturansteigenden Anwendungen.

Sonderformen

- Die **wechselwarmen Anwendungen** haben den Vorteil, daß man sie auch bei frierenden Patienten durchführen kann; der Patient wird durch warmes Wasser zunächst aufgewärmt, danach verträgt er das kalte besser. Durch wechselnde Temperaturen werden die Hautgefäße zu einer raschen Reaktion gezwungen: Bei Kälte ziehen sie sich zusammen und öffnen sich wieder bei Wärme. Diese Anwendungen trainieren also zusätzlich den Kreislauf. Wie bei allen Warmwasser-Anwendungen sollten Sie auch bei wechselwarmen als Abschluß einen Kaltreiz setzen.

Zum Beispiel bei Schüttelfrost

- Bei den **temperaturansteigenden Anwendungen** wird zunächst die Temperatur gewählt, die der Kranke gerade noch verträgt, das Wasser darf also nicht zu heiß sein. Da der Körper die Fähigkeit besitzt, sich an die Wärme des Wassers zu gewöhnen, muß die Wassertemperatur ständig gesteigert werden. Eine besonders gute Wirkung haben ansteigende Wassertemperaturen bei stark frierenden Patienten, zum Beispiel, wenn sie Schüttelfrost haben.

Bäder

Bäder eignen sich für die nicht bettlägrigen Grippekranken. Sehr hinfällige und schwerkranke Patienten dürfen kein Bad durchführen, weil es zu anstrengend für sie ist.
Wir unterscheiden Teilbäder, Halbbäder und Vollbäder. Für die Behandlung der Erkältungskrankheit wichtig: das temperaturansteigende Fußbad, das Rumpfreibebad nach Kuhne, das temperaturansteigende Bürstenbad und das Auslaugebad.

Fußbäder

Bei kalten oder nassen Füßen

Das **temperaturansteigende Fußbad** eignet sich beim beginnenden Erkältungsinfekt besonders dann, wenn er im Zusammenhang mit kalten Füßen oder nach einer Durchnässung der Füße aufgetreten ist. Vorsicht bei schweren Krampfaderleiden; in diesen Fällen sind Waschungen besser (→ Seite 49). Für Fußbäder am praktischsten sind zwei Fußbadewannen; Sie können aber auch zwei Eimer nehmen, die jedoch so groß sein müssen, daß die Füße nebeneinander darin Platz haben, und so hoch, daß es möglich ist, bis in Höhe der Waden Wasser einzulassen. Man kann das Fußbad auch in der Badewanne machen; dabei setzt man sich entweder auf den Wannenrand oder vor die Wanne auf einen Stuhl, oder man legt sich ein Sitzbrett (gut fixieren) quer über die Wanne.

Vorsicht bei Krampfadern

So wird's gemacht: In ein Gefäß lassen Sie eiskaltes Wasser einlaufen, in das zweite Gefäß warmes (die Temperatur soll gut erträglich sein). Das Wasser sollte bis unterhalb der Waden reichen. Stellen Sie beide Beine nebeneinander in das Gefäß mit warmem Wasser; lassen Sie langsam heißes Wasser zufließen – bis die Temperatur gerade noch erträglich ist. Das Wasser kann dabei geringfügig bis über Wadenhöhe ansteigen. Badedauer etwa 10 bis 15 Minuten. Während dieser Zeit verfärbt sich die Haut an Beinen und Füßen deutlich rot. Als Abschluß des Fußbads tauchen Sie die Füße noch einmal kurz in kaltes, am besten eiskaltes Wasser oder brausen sie kalt ab. Legen Sie sich mit feuchten Beinen ins Bett und decken Sie sich gut zu, oder ziehen Sie dicke, möglichst weitmaschige, wollene Strümpfe an.

Abschließend ruhen und aufwärmen

Bei Kopfschmerzen

Das **Wechselfußbad,** eine Abwandlung des temperaturansteigenden Fußbades, ist sehr wirksam bei starken Kopfschmerzen und bei Neigung zu kalten Füßen.
So wird's gemacht: Tauchen Sie die Füße abwechselnd in warmes und in kaltes Wasser; nach jeweils 1 bis 3 Minuten Warmanwendung folgt sofort 5 bis 10 Sekunden lang die Kaltanwendung; machen Sie bitte unbedingt zum Abschluß eine Kaltanwendung. Badedauer etwa 10 bis 15 Minuten. Legen Sie sich mit feuchten Beinen ins Bett und decken Sie sich gut zu, oder ziehen Sie dicke, möglichst weitmaschige, wollene Strümpfe an.
Sowohl das temperaturansteigende Fußbad als auch das Wechselfußbad können Sie beliebig oft am Tag wiederholen. Selbstverständlich können Sie dem Wasser auch Zusätze beigeben, zum Beispiel 1 bis 2 Eßlöffel Obstessig oder die gleiche Menge Kamillenextrakt (Rezept → Seite 74) oder 1 bis 2 Eßlöffel Meersalz.

Badezusätze

Das **Senffußbad** hat ebenfalls eine gute Heilwirkung bei Kopfschmerzen, Fieber und Nebenhöhlenentzündungen. Außerdem steigert es die Durchblutung und wirkt rasch bei kalten Füßen.
So wird's gemacht: 30 Gramm frisch gemahlenes Senfmehl mit 10 Liter lauwarmem Wasser verrühren, ½ Stunde stehenlassen und danach mit so viel Wasser (37 °C), wie für ein Fußbad erforderlich ist, gut vermischen. Das mit Senfmehl versetzte Wasser wird in ein größeres Gefäß (oder zu gleichen Teilen in zwei Eimer) gefüllt – Wasserhöhe bis zur Wade. Badedauer: 5 bis 10 Minuten. Sofort nach dem Bad Füße und Beine mit warmem Wasser abwaschen.

Halbbad

Wirkt intensiver als ein Fußbad

Das **temperaturansteigende Halbbad** wirkt intensiver als Fußbäder, ist aber anstrengender. Bei sehr geschwächtem Allgemeinzustand sollte man es nicht ohne Hilfe durchführen. Fiebrigen, dabei frierenden oder fröstelnden Patienten wird durch das Halbbad rasch warm; durch die ansteigende Wassertemperatur erweitern sich die Blutgefäße in der Haut langsam, wobei die Temperatur aus dem Körperinnern

Durchblutungsfördernd, entgiftend

an die Körperoberfläche abgeleitet wird. Dadurch sinkt die Körpertemperatur langsam etwas ab. Außerdem wird durch die Weitstellung der Hautgefäße ein leichter Schweißausbruch herbeigeführt, der wesentlich zur Entgiftung des Körpers beiträgt. Noch verstärken können Sie die Entgiftung dadurch, daß Sie alle unter Wasser befindlichen Körperteile mit einer Bürste, einem Massageschwamm oder einem groben Waschlappen (und Seife) abbürsten und abseifen. Vor dem Bad sollte der Darm wenn möglich durch 1 bis 2 Einläufe (→ Seite 59) entleert werden; es wird dann besser vertragen.

Vorsicht bei Herz- und Venenschwäche

Wichtig: Das Bad muß vorsichtig angewendet werden bei Herzkranken, bei Menschen mit Venen- beziehungsweise Krampfaderleiden und jenen, die zu Kreislaufstörungen neigen.

Halbbad

So wird's gemacht: Lassen Sie in die Wanne so viel Wasser einlaufen, daß es dem sitzenden Patienten über die Hüften reicht. Die Wassertemperatur soll der unter der Achsel gemessenen Körpertemperatur des Patienten entsprechen (mit dem Fieberthermometer messen). Alle unter Wasser befindlichen Körperteile werden in raschen Strichen, aber sanft gebürstet und gereinigt. Bei Patienten mit Venenleiden (Krampfadern) darf man jedoch nur sehr zart in Richtung zum Herzen bürsten. Lassen Sie nach 2 bis 3 Minuten Badedauer stetig und langsam heißes Wasser zulaufen und die gleiche Menge Wasser abfließen, so daß die Wasserhöhe in der Wanne immer gleich bleibt. Die Wassertemperatur kann während des Badens um etwa 3 bis 4 °C gesteigert werden, soll aber für den Patienten stets verträglich sein. Die Haut zeigt rasch eine intensive Rötung, der Patient fühlt sich zunehmend wohler. Nach 3 bis 5 Minuten Badedauer können auch die außerhalb des Wassers befindlichen Körperteile gebürstet und abgeseift werden. Kurz vor Beendigung des Bades kühlt man den Patienten durch Zufließenlassen von kaltem Wasser ab; der Kranke legt sich dann unabgetrocknet und gut zugedeckt ins Bett und dunstet nach. Badedauer etwa 10 bis 15 Minuten.

Ein- bis zweimal täglich

Das temperaturansteigende Halbbad sollte nur einmal täglich, höchstens zweimal angewendet werden. Zur Unterstützung des Schweißausbruchs empfiehlt es sich, während des Badens einen schweißtreibenden Tee zu trinken (→ Seite 72).

Kreislaufbeschwerden können auftreten

Es kommt vor, daß während des Badens Kreislaufbeschwerden wie Herzklopfen, Unruhe, Atemnot, Schwindel auftreten. Schnelle Hilfe: Sofort kaltes Wasser ins Badewasser laufen lassen und den Patienten einige Sekunden lang oder etwas länger (höchstens eine Minute) bis über die Schultern eintauchen lassen. Er erholt sich in der Regel sehr schnell, das Bad kann – je nach Bedürfnis des Patienten – fortgesetzt oder abgebrochen werden. Man kann Kreislaufbeschwerden weitgehend durch einen vorherigen Einlauf verhindern.

Schwitzpackung zur Entgiftung

Im Anschluß an das Halbbad ist zur weiteren intensiven Entgiftung eine Schwitzpackung (→ Seite 57) besonders wertvoll. In diesem Fall trocknet sich der Patient gut ab und legt sich sofort nach dem Bad in die vorbereitete Schwitzpackung.

Rumpfreibebad

Wirkt bei hohem Fieber

Diese besondere Form des Teilbades ist eine zwar etwas umständliche, aber hochwirksame Kaltwasser-Anwendung, die alle Ausscheidungssysteme – Darm, Nieren, Lungen und Haut – anregt. Das bedeutet: Das Rumpfreibebad nach Kuhne hat eine besonders kräftig entgiftende, aber auch temperaturableitende und kreislaufanregende Wirkung. Man wendet es bei hoch fiebernden Kranken an, eine besonders gute Wirkung hat es bei fiebernden Kindern. Es ist jedoch anstrengend, deshalb sollte es nur durchgeführt werden, wenn der Patient nicht zu sehr geschwächt ist.

Nicht frierend ins kalte Wasser steigen!

Die vorgeschriebene Wassertemperatur liegt bei 20 bis 28 °C, abgehärtete Patienten können auch eine Temperatur bis 12 °C vertragen. Nach meinen Erfahrungen jedoch empfinden viele Menschen diese niedrigen Temperaturen als sehr unangenehm. Für diese Patienten empfiehlt sich eine Ausgangstemperatur, die 1 bis 2 °C unter ihrer Körpertemperatur liegt (mit dem Fieberthermometer messen). In jedem Falle sollte man gut durchwärmt, auf keinen Fall frierend ins Bad steigen. Beginnt man im Bad zu frösteln, dann sollte die Temperatur gesteigert werden, oder man geht auf ein temperaturansteigendes Halbbad (→ Seite 44) über;

empfindet der Patient das Bad als zu warm, muß das Wasser entsprechend abgekühlt werden.

Anleitung genau beachten

So wird's gemacht: Lassen Sie in die Wanne so viel Wasser einlaufen, daß es dem sitzenden Patienten bis an die Hüften oder den Nabel reicht. Sowohl Oberkörper als auch Arme und Beine müssen sich außerhalb des Wassers befinden. (Beim Baden in der großen Badewanne: Beine an der Wand hochstellen oder über den Rand hängen lassen; Gummimatte in die Wanne legen, die das Abrutschen verhindert.) Während des Badens müssen Oberkörper und Füße des Patienten warmgehalten werden (Pullover, Jacke anziehen oder ein warmes Badetuch über die Schultern legen und warme Socken über die Füße ziehen). Mit kreisförmigen Bewegungen werden nun alle unter Wasser befindlichen Körperteile mit einem groben Waschlappen kräftig abgerieben, bis sich eine intensive Rötung der Haut einstellt. Wenn der Patient nach 1 bis 2 Minuten Badedauer zu frieren beginnt, sollte die Wassertemperatur erhöht werden oder man geht auf ein temperaturansteigendes Halbbad (→ Seite 44) über. Empfindet der Patient das Bad als zu warm, muß man kaltes Wasser zulaufen lassen. Badedauer keinesfalls länger als 5 bis 10 Minuten. Nach dem Bad muß sich der Patient unbedingt wieder in einem vorgewärmten Bett aufwärmen. Heiße Getränke, eventuell noch eine Wärmflasche an den Füßen, helfen beim Aufwärmen.
Das Rumpfreibebad sollte während einer fieberhaften Erkrankung nicht öfter als einmal, höchstens zweimal täglich angewendet werden.

Auslaugebad

Entgiftet intensiv

Dieses Bad ist ein Vollbad von besonders intensiv entgiftender Wirkung, das zuverlässig hilft bei allen Infektionskrankheiten. Wegen seiner schlaffördernden Wirkung sollte man es abends anwenden.
Die Wassertemperatur sollte in der Regel um 37 °C liegen (mit Hilfe des Fieberthermometers regulieren); je nach Bedürfnis des Patienten kann das Bad aber auch wärmer oder kühler sein. Bei Fieber sollte die Wassertemperatur 1 bis 2 °C unter der Körpertemperatur liegen.

Bei diesem Bad benötigt der Patient nur dann Hilfe, wenn er zu Kreislaufstörungen neigt oder sehr geschwächt ist.
So wird's gemacht: Legen Sie sich zunächst etwa 10 Minuten in die Wanne, seifen Sie danach den ganzen Körper mit einer unparfümierten Seife ab – Sie können dazu eine Bürste, einen Massageschwamm oder einen groben Waschlappen benutzen. Nach dem Einseifen legen Sie sich mindestens 30, längstens 60 Minuten ruhig und entspannt ins Badewasser. Die Wassertemperatur sollte stets behaglich sein – Sie können während des Badens warmes Wasser zufließen lassen. Gegen Ende der Badezeit seifen Sie noch einmal den ganzen Körper ab; Abbürsten oder Abreiben soll nicht schmerzhaft, sondern wohltuend sein. Mit dem zweiten Abseifen wird die Haut von Giftstoffen befreit, die nach der langen Badedauer wieder in die Haut gelangt sind. Legen Sie sich danach noch 5 bis 10 Minuten in die Wanne, trocknen Sie sich anschließend gut ab und ruhen Sie dann im Bett für 1 bis 2 Stunden.

Nach dem Bad ruhen

Duschbad

Duschen dient weniger der Behandlung einer Erkältungskrankheit als vielmehr ihrer Vorbeugung. Ich empfehle aber oft, es im Anschluß an eine Schwitzpackung oder eine andere schweißtreibende Anwendung zur Reinigung der Haut durchzuführen.
Als tägliche Anwendung zur Vorbeugung (= Abhärtung) hat sich die Wechseldusche bewährt. Auch hier gilt der Grundsatz: Nicht duschen, wenn Ihnen kalt ist!
So wird's gemacht: Nach dem morgendlichen warmen Duschen sollten Sie das kühle Abduschen nicht vergessen. Sie beginnen am herzfernsten Körperteil, am rechten äußeren Fußknöchel, führen den Duschkopf an der Außenseite des Beines bis zur Hüfte hoch und an der Innenseite des Beines wieder hinunter; duschen Sie das linke Bein auf die gleiche Weise, danach die Arme, ebenfalls erst die Außen-, dann die Innenseite; Bauch, Brust, Gesicht, Rücken und beide Fußsohlen werden mit kreisenden Bewegungen im Uhrzeigersinn geduscht. Trocknen Sie sich – in derselben Reihenfolge, wie Sie geduscht haben – vor dem offenen Fenster

Zur Abhärtung kalt nachduschen

(auch im Winter!) mit einem groben Handtuch oder einer Trockenbürste ab.

Sauna

Saunaregeln einhalten

Der Saunabesuch dient vor allem der Vorbeugung und Abhärtung. Sie können aber auch zu Beginn einer Erkältungskrankheit – solange kein Fieber besteht und solange Sie nur Schnupfen und Husten haben – die Sauna besuchen. Saunabaden will gelernt sein; informieren Sie sich bitte vor dem Besuch der Sauna über die Grundregeln, die Sie beachten müssen (→ Bücher, die weiterhelfen, Seite 120).

Waschungen

Für Bettlägerige besonders gut

Waschungen gehören zu den angenehmsten und einfachsten Anwendungen. Sie eignen sich besonders gut für den sehr geschwächten, hinfälligen Kranken, dem Bad, Wickel oder Schwitzpackung nicht zuzumuten sind. Waschungen leiten, ebenso wie andere Wasseranwendungen, das Blut von den inneren Organen in die Haut ab, leben und erfrischen den Organismus, stärken den Kreislauf und wirken entgiftend über die Haut. Sie strengen den Kranken nicht an und bringen ihm rasch eine spürbare Besserung seiner Beschwerden.

Wir unterscheiden die Teilwaschung von der Ganzwaschung, die Einzelwaschung von der Serienwaschung, die Kalt-, die Warm- und die Wechselwaschung.

Teilwaschungen

- **Oberkörperwaschungen** (es sind Teilwaschungen) wirken ableitend vom Kopf, zum Beispiel bei Kopfschmerzen, kräftigen die Funktion der Brustorgane und stärken die Herztätigkeit.
- **Unterkörperwaschungen** fördern die Darmtätigkeit und verbessern die Durchblutung der Bauchorgane, auf die Unterleibsorgane wirken sie regulierend.

Sofort Besserung der Beschwerden

- **Beinwaschungen** leiten das Blut aus dem Kopf ab, sie sind deshalb angezeigt bei Kopfschmerzen und Benommenheit.

● Eine **Einzelwaschung,** gleichgültig, ob es sich um eine Teil- oder Ganzwaschung, um eine kalte oder warme Waschung handelt, dient der Hautreinigung und Erfrischung des Patienten. Sie ist deshalb besonders wirkungsvoll nach Abnahme eines Wickels. Die Wassertemperatur sollte sich vor allem nach dem Bedürfnis des Patienten richten.

Ganzkörperwaschungen

● **Kalte Waschungen** werden bei fiebernden und stark schwitzenden Patienten angewendet zur Ableitung des Fiebers und zur Entfernung der ausgeschwitzten Giftstoffe von der Haut.

● **Warme** oder sogar **heiße Waschungen** sind angebracht bei jeder Art von entzündlichen Prozessen; sie verbessern die Blutzirkulation, wirken schmerzstillend und erwärmen den frierenden oder fröstelnden Patienten. Sie haben eine besonders gute Wirkung bei Schüttelfrost. Die verkrampften Hautgefäße öffnen sich, die fieberhafte Überwärmung wird in die Haut abgeleitet.

Erfrischend, belebend

● Die **Wechselwaschung** ist besonders wirkungsvoll zur Anregung von Blutzirkulation und Atmung. Dabei erfrischt und belebt sie. Wechselwaschungen sind dann angezeigt, wenn man die Wirkung haben möchte, die kaltes Wasser auf den Organismus ausübt (→ Seite 48), der Patient aber zunächst friert oder kaltes Wasser als unangenehm empfindet. Wechselwaschungen sind Taganwendungen.

Regt das Schwitzen an

● Mit der **Serienwaschung** wird der für die Heilung so wichtige Schweißausbruch angeregt; um diese Wirkung zu erreichen, ist eine einmalige Waschung nicht ausreichend. Serienwaschungen müssen stündlich oder halbstündlich so lange durchgeführt werden, bis ein Schweißausbruch auftritt. Danach werden die Waschungen in größeren Abständen fortgeführt – etwa alle 1 bis 2 Stunden –, um eine weitere Entgiftung des Körpers durch erneute Schweißausbrüche zu bewirken.

Für *kalte Waschungen* genügt kaltes Leitungswasser, die Temperatur kann je nach Verlangen des Patienten erhöht werden. *Warme Waschungen* sollen eine Wassertemperatur von 33 bis 36 °C haben, bei *heißen Waschungen* sollte sie bei 37 bis über 45 °C liegen. Sie können dem Wasser Zu-

Auch mit Zusätzen

sätze beifügen, zum Beispiel 2 bis 3 Eßlöffel Obstessig oder die gleiche Menge Meersalz.

So wird's gemacht: Sie nehmen eine Waschschüssel, die etwa 2 bis 4 Liter faßt, und einen groben Waschlappen oder einen Massageschwamm mit ans Bett des Kranken. Mit raschen, aber nicht hastigen, kräftigen, aber nicht groben Bewegungen, reiben Sie einen Körperteil oder den ganzen Körper leicht massierend mit dem nassen Waschlappen (oder dem Schwamm) ab. An Brust, Bauch und Rücken werden kreisende Bewegungen im Uhrzeigersinn durchgeführt – immer vom herzfernsten Punkt in Richtung zum Herzen. Bei Ganzkörperwaschungen beginnen Sie am rechten äußeren Fußknöchel, waschen mit kreisenden Bewegungen an der Außenseite des rechten Beins bis zur Hüfte, danach ebenso an der Innenseite des Beins; behandeln Sie das linke Bein auf dieselbe Weise; danach werden Bauch, beide Arme, Brust und Rücken, Gesicht, Handinnenflächen und Fußsohlen abgewaschen. Die gewaschenen Körperteile müssen gut zugedeckt werden, damit der Patient nicht zu frieren beginnt.

Den Patienten warmhalten

Wickel, Kompressen, Packungen

Zwischen diesen Anwendungen bestehen nur geringe Unterschiede: Als »Kompresse« bezeichnet man kleinere Anwendungen, zum Beispiel Herz- oder Wundkompressen, den Begriff »Wickel« braucht man für mittelgroße Anwendungen, zum Beispiel Waden- oder Halswickel, »Packung« für große Anwendungen, zum Beispiel die Schwitzpackung. Zuweilen wird der Wickel auch als Aufschlag oder Umschlag bezeichnet.

Teil- oder Ganzanwendung

Wickel wirken ähnlich wie direkte Wasseranwendungen. Man unterscheidet Teil-, Halb-, Dreiviertel- und Ganzanwendungen, wobei man einzelne Teilanwendungen miteinander kombinieren kann, zum Beispiel Hals-, Brust- und Wadenwickel. In der Regel werden Wickel kalt angelegt, nur in einzelnen Fällen warm.

Zusätze

Neben den feuchten Wickeln (Wasser mit oder ohne pflanzliche oder Salzzusätze) werden auch Senf-, Quark-, Kartoffel-,

Heilerdewickel oder Salbenwickel angewendet; auch trockene Wickel können helfen.

- **Kalte Wickel** (Packungen und Kompressen) wirken ableitend, sie entziehen dem Körper Wärme, zum Beispiel bei Fieber, sie wirken erfrischend, durchblutungsfördernd, kreislaufbelebend, schlaffördernd und auch entgiftend, weil sie die Schweißproduktion anregen. Die Dauer der Anwendung ist je nach Wirkung, die man erzielen will, unterschiedlich: Ein temperaturableitender Wickel muß recht naß sein und darf nur so lange liegenbleiben, wie er als kühlend empfunden wird. Wickel, die durchblutungs- und schlaffördernd wirken sollen, läßt man längere Zeit am Körper, zum Beispiel während der Nacht. Wickel, mit denen eine Entgiftung des Körpers erreicht werden soll, bleiben so lange angelegt, bis ein Schweißausbruch auftritt.

Dauer der Anwendung

- **Warme und heiße Wickel** wärmen kälteempfindliche Patienten auf, sie dienen auch der Stärkung und Kräftigung bei Kreislaufstörungen, sie verbessern gezielt die Durchblutung, sind entzündungshemmend und wirken schmerzstillend.

Wadenwickel

Der bei der Behandlung von Erkältungskrankheiten wichtigste und einfachste Wickel ist der Wadenwickel. Er dient vor allem der Fieberableitung, ist aber auch wirksam bei Schnupfen und Kopfschmerzen. Der Wadenwickel ist eine Kaltanwendung, deshalb darf er niemals einem frierenden Patienten mit kalten Füßen angelegt werden, auch dann nicht, wenn hohes Fieber besteht. Bei kalten Füßen sollte man vorher ein temperaturansteigendes Fußbad machen oder dem Patienten zunächst eine Wärmflasche an die Fußsohlen legen.

Friert der Patient: vorher ein Fußbad

Für den Wadenwickel braucht man 2 dünne Leinen- oder Baumwolltücher, zum Beispiel ein großes Taschentuch, eine Windel, ein Stückchen Bettuch, ein Handtuch, außerdem 2 dicke Wolltücher, beispielsweise 2 Schals. Die Tücher müssen so groß sein, daß sie von den Fußgelenken bis kurz unter die Knie reichen. Die Wickel werden an beiden Unterschenkeln angelegt. Die Wassertemperatur richtet sich nach dem Bedürfnis des Kranken, sie soll aber in jedem

Fall deutlich unter seiner Körpertemperatur liegen und von ihm als kühlend empfunden werden. Das Wasser kann kühl, aber auch sehr kalt sein, es kann sogar mit mehreren auf den Wickeln verteilten Eisstückchen oder mit Alkohol versetzt werden (1 Teil Alkohol auf 3 Teile Wasser). Sie können dem Wickel auch andere Zusätze beigeben – Essig (1 bis 2 Eßlöffel pro Wickel) oder etwas Arnika-Essenz (1 Teelöffel pro Wickel) oder 1 bis 2 Tropfen Japanisches Heilpflanzenöl (Firma Rödler).

Kaltanwendung

So wird's gemacht: Sie tauchen die beiden Leinen- oder Baumwolltücher ins Wasser – sie sollten sehr naß sein, aber nicht triefen (nur leicht auswringen). Die Tücher werden an beiden Unterschenkeln eng (bitte nicht zu eng) und faltenlos angelegt. Über die nassen Tücher wickeln Sie die trockenen Tücher, darauf die Wolltücher so, daß sie die nassen Tücher um mehrere Zentimeter überlappen. Der Patient muß gut zugedeckt werden. Man nimmt den Wickel ab, wenn er nicht mehr kühlt, also nach 10 bis 20 Minuten. Es ist wichtig, die Unterschenkel gut abzuwaschen mit handwarmem Essigwasser (ein paar Spritzer Obstessig ins Wasser geben).

Stündlich oder halbstündlich

Man kann den Wadenwickel mehrere Male am Tag, stündlich oder halbstündlich wiederholen – je nach Verträglichkeit und Bedürfnis des Patienten. Die Leinen- beziehungsweise Baumwolltücher müssen nach jedem Abnehmen gut ausgewaschen werden; sie sind nach jedem Wickel schmutziggrau – Beweis dafür, wie sehr der Körper über die Haut entgiftet. Die Körpertemperatur – das Fieber – sinkt während der Anwendung in der Regel um 0,5 bis 1 °C. Mehr ist keinesfalls erwünscht, da das Fieber ja eine sehr wichtige Abwehrmaßnahme des Körpers ist.

Feuchte Socke

Eine einfache Variante des Wadenwickels ist die »feuchte Socke«: Man nimmt ein Paar Baumwoll- oder Wollstrümpfe (keinesfalls synthetische Stoffe!), durchtränkt sie mit kaltem oder kühlem Wasser und zieht sie über die warmen Füße.

Danach die Haut reinigen

Die Socken werden wieder ausgezogen, wenn sie nicht mehr kühlen. Sie sollten nicht vergessen, die Unterschenkel nach dieser Anwendung abzuwaschen.

Brustwickel

Vor allem bei Entzündungen

Der Brustwickel – heute zu Unrecht durch Salbeneinreibungen verdrängt – ist vor allem bei Lungenentzündung und beginnender Rippenfellentzündung sehr wirksam. Herzkranke dürfen den Brustwickel nur nach ärztlicher Anweisung anlegen!

Sie brauchen für den Brustwickel 2 dünnere Leinen- oder Baumwolltücher und 1 etwas größeres Wolltuch; die Tücher müssen so breit sein, daß sie von der Achselhöhle bis zum Rippenbogen reichen, und so lang, daß man sie 1½mal um den Oberkörper wickeln kann. Beim Anlegen des Brustwickels braucht der Kranke Hilfe.

So wird's gemacht: Zunächst wird auf das Bett des Patienten das Wolltuch gelegt, darauf kommt das trockene, danach das feuchte Tuch – es soll naß sein, aber nicht triefen (nur leicht auswringen). Der Patient legt sich auf die ausgebreiteten Tücher, die faltenlos und fest, aber nicht zu eng, um den Brustkorb gewickelt werden. Man läßt den Wickel mindestens 1 Stunde liegen, besser jedoch 2 bis 3 Stunden, falls er tagsüber gemacht wird. Man kann ihn aber auch über Nacht liegenlassen. Der Oberkörper muß nach Abnahme des Wickels mit lauwarmem Wasser abgewaschen werden, um die Haut von Giftstoffen zu befreien.

Danach die Haut reinigen

Der **Senfwickel** ist eine hervorragende Anwendung bei akuten Entzündungen.

So wird's gemacht: 2 bis 3 Eßlöffel des zum Beispiel in der Kaffeemühle frisch gemahlenen Senfmehls mit etwas lauwarmem Wasser zu einem festen Brei anrühren, den Brei auf ein Leinentuch auftragen; die bestrichene Fläche soll doppelt so groß sein wie der Handteller des Patienten. Das so vorbereitete Tuch wird mit der bestrichenen Seite auf die Haut aufgelegt und durch Umwickeln mit einem Wolltuch befestigt. Da das Senfmehl wegen seiner Schärfe die Haut reizen kann, darf der Wickel nicht länger als 5 bis 10 Minuten liegenbleiben! Wenn der Patient schon vorher ein Brennen auf der Haut spürt, muß der Wickel sofort abgenommen werden! Bleibt er zu lange angelegt, können sich auf der Haut Blasen bilden. Nach dem Abnehmen des Wickels

Senfmehl kann die Haut reizen

muß die Haut sofort mit lauwarmem Wasser abgewaschen werden.

Halswickel

Mit kaltem oder warmem Wasser

Der Halswickel wird sowohl kalt als auch warm angewendet; kalt bei Entzündungen im Halsbereich, in Mundhöhle, Nebenhöhlen und bei Schnupfen; warm oder heiß zur Schmerzlinderung bei Entzündungen in der Mundhöhle und im Rachen.

So wird's gemacht: Ein Leinentuch wird mit Wasser angefeuchtet, schmal zusammengelegt und um den Hals gewickelt, darüber bindet man einen Wollschal.

Tagsüber wird der Halswickel im Abstand von ½ bis 2 Stunden angewendet, man kann ihn auch abends anlegen und über Nacht bis zum Aufwachen belassen.

Bei entzündlichen Prozessen

Varianten des Halswickels: Eine gute Wirkung bei entzündlichen Prozessen hat auch ein **Lehmwickel** mit »Luvos-Heilerde«, die äußerlich anzuwenden ist.

So wird's gemacht: Verrühren Sie 2 bis 3 Eßlöffel Heilerde mit etwas lauwarmem Wasser zu einem festen Brei, streichen Sie diesen Brei messerrückendick auf ein feuchtes Tuch, das mit der bestrichenen Seite um den Hals gewickelt wird, darüber bindet man einen trockenen Wollschal. Diesen Wickel läßt man liegen, bis er trocken ist, was in der Regel mehrere Stunden dauert.

Bei starken Schmerzen

Auch ein **Quarkwickel** ist bei starken Schmerzen zu empfehlen. Sie können ihn, je nach Bedürfnis, kalt oder lauwarm anlegen und sollten ihn über Nacht liegenlassen.

So wird's gemacht: Frischen Weißkäse messerrückendick auf ein Leinentuch auftragen und mit der bestrichenen Seite so um den Hals legen, daß der Hals umschlossen ist. Darüber binden Sie einen trockenen Wollschal.

Eine gute schmerzstillende Wirkung hat auch der **Kartoffelwickel,** den Sie über Nacht anlegen.

So wird's gemacht: Kartoffeln kochen, zerstampfen und heiß in ein Leinentuch einschlagen, das Sie so um den Hals legen, daß der Hals umschlossen ist. Darüber binden Sie

Nicht zu heiß anlegen

einen trockenen Wollschal. – Vorsicht! Prüfen Sie, vor allem bei Kindern, die Temperatur der Kartoffeln – Verbrennungsgefahr!

Einen **Wickel mit Enelbin-Paste** (Firma Cassella-Riedel) können Sie zur Schmerzlinderung vor allem bei Mumps, Halsentzündung, Mandelentzündung durchführen.
So wird's gemacht: Die Enelbin-Salbe wird im Wasserbad erwärmt und messerrückendick auf ein Tuch gestrichen. Das Tuch wird mit der bestrichenen Seite um den Hals gewickelt, darüber bindet man einen trockenen Wollschal. Anwendungsdauer: 6 bis 9 Stunden.

Ohrkompressen

Die »heiße Kammer« ist eine Ohrkompresse, mit deren Hilfe starke Ohrenschmerzen, wie sie bei einer Mittelohrentzündung auftreten, innerhalb kurzer Zeit beseitigt werden können. Besonders gut hilft sie bei Kindern. Behandelt werden immer beide Ohren, auch wenn nur ein Ohr schmerzt oder entzündet ist. Sie brauchen 4 Waschlappen und eine Badekappe.

Immer auf beide Ohren

So wird's gemacht: Legen Sie die 4 Waschlappen in sehr heißes Wasser (die Wassertemperatur sollte noch erträglich sein), wringen Sie zunächst 2 Waschlappen aus und legen Sie sie – 2mal zusammengefaltet – auf jeweils ein Ohr. Danach wird eine enganliegende Badekappe aufgesetzt, die beide Waschlappen auf den Ohren gut festhält. Sobald die Waschlappen etwas abgekühlt sind, werden sie durch die beiden anderen ersetzt. Dauer der Anwendung etwa 20 Minuten.

Für die Nacht

Anschließend an die »heiße Kammer« 1 bis 2 Tropfen angewärmtes Olivenöl und etwas Watte in jedes Ohr; über Nacht eine **Zwiebelkompresse** auflegen.
So wird's gemacht: Zwiebeln kleinhacken, gut zerdrücken und kalt auf 2 Taschentücher verteilen. Beide Tücher werden zusammengefaltet als Kompresse auf jeweils ein Ohr gelegt, darüber einen trockenen Wollschal binden oder eine Mütze aufsetzen, die beide Ohren bedeckt.

Bei Schmerzen wirken diese Anwendungen – heiße Kammer, Tropfen, Kompresse – sofort und können mehrmals täglich wiederholt werden. Sie sollten jedoch mindestens 10 Tage lang jeden Abend durchgeführt werden.

Konsequent durchführen

Packungen

Dreiviertel- und Ganzpackung haben die gleiche Wirkung, werden jedoch unterschiedlich durchgeführt. Sie gehören zu den intensivsten Wasseranwendungen; Ziel dieser Packungen ist es, durch einen massiven Schweißausbruch eine größtmögliche Entgiftung des Körpers zu erreichen.

Zur Entgiftung

Darauf müssen Sie achten

Bitte beachten Sie vor der Anwendung einige wichtige Regeln:
Einem frierenden Patienten dürfen die Packungen nicht angelegt werden; in diesem Fall ist vorher ein temperaturansteigendes Halbbad oder eine heiße Waschung erforderlich.
Während der Packung darf der Patient nicht auskühlen – decken Sie ihn also gut zu!
Beginnt der Patient zu frieren, legt man ihm mehrere Wärmflaschen an die Seite.
Erwärmt sich der Patient nicht mehr, muß die Packung abgebrochen werden; in diesem Fall geht man auf die Serienwaschung über.
Packungen eignen sich nicht für schwerkranke und alte Patienten; Herzkranke sollten beide Packungen nur nach Rücksprache mit dem Arzt durchführen.

Für die Dreiviertel- und Ganzpackung brauchen Sie 2 Leinentücher und 1 bis 2 Wolldecken, außerdem weitere Decken oder Federbetten zum Zudecken. Der Patient braucht bei beiden Anwendungen Hilfe.
So wird die Ganzpackung gemacht: Legen Sie auf das Bettlaken des Patienten zunächst eine Wolldecke, die für die gesamte Körperlänge ausreichen muß (eventuell auch 2 Decken). Darauf breiten Sie das trockene Leinentuch aus, das die Wolldecke jedoch nicht überlappen darf. Auf das

trockene Leinentuch legen Sie nun das mit kühlem Leitungswasser durchfeuchtete und gut ausgewrungene zweite Leinentuch, das die Wolldecke natürlich auch nicht überlappen darf.

Der Patient legt sich auf die so vorbereiteten Tücher, die von der Mitte des Kopfes bis über die Füße reichen müssen. Der ganze Körper wird rasch in das feuchte Tuch eingeschlagen, das der Haut faltenlos und eng anliegen muß. Klappen Sie zunächst die überstehenden Tuchecken über die Schultern herunter, wickeln Sie das feuchte Tuch danach von den Seiten über die am Körper angelegten Arme (die also mit eingeschlagen werden). Das muß sehr schnell (aber bitte nicht hastig) vor sich gehen, damit der Patient nicht zu frieren beginnt. Danach werden die beiden trockenen Tücher um den Körper geschlagen und mit Sicherheitsnadeln befestigt. Es ist wichtig, daß der Patient mit mehreren Wolldecken, vielleicht zusätzlich einem Federbett oder einer Steppdecke zugedeckt wird. In die Packung darf keine Luft eindringen!

Der Patient darf in der Packung nicht frieren!

Nach einem kurzen Kälteschauer wird sich der Kranke sehr bald angenehm warm fühlen. Je nach Konstitution und Reaktionsfähigkeit beginnt der Patient innerhalb von 45 bis 90 Minuten zu schwitzen; die Packung sollte danach noch mindestens 20 Minuten belassen werden; die Anwendung darf jedoch nicht länger als insgesamt 2 Stunden dauern.

Nach einem ausgiebigen Schweißausbruch wird der Patient rasch ausgepackt und sofort mit körperwarmem Seifen- oder Essigwasser abgewaschen oder körperwarm abgeduscht; man kann in behaglich warmem Wasser auch ein Bürstenhalbbad durchführen – vorausgesetzt, es ist nicht zu anstrengend für den Patienten. Auf jeden Fall muß die Haut gründlich von den aus dem Körper gezogenen Giftstoffen gereinigt werden.

Danach die Haut reinigen

Nach der Schwitzpackung samt Hautreinigung muß der Patient unbedingt mehrere Stunden im Bett ruhen.

Die Dreiviertelpackung wird im Prinzip genauso durchgeführt wie die Ganzpackung: Man beginnt unter den Achselhöhlen, schließt aber ebenfalls Beine und Füße bis über die Zehen ein; Hals und Arme bleiben frei (bitte Hemd oder Pullover überziehen). Bei der Dreiviertelpackung ist der Patient beweglicher als bei der Ganzpackung, er fühlt sich nicht so beengt. Intensiver jedoch wirkt die Ganzpackung.

Einlauf und salinische Mittel

Der **Einlauf** ist heute fast in Vergessenheit geraten; vor allem bei der Behandlung von Erkältungskrankheiten ist er von geradezu unschätzbarem Wert!

Entgiftung über den Darm

Die gründliche Entleerung des Dickdarms führt zu einer starken Entgiftung des Körpers über den Darm.
Die Verdauungstätigkeit wird durch die gründliche Darmentleerung angeregt, was besonders wichtig ist bei Neigung zur Verstopfung.
Denn während einer Erkältungskrankheit wird durch vermehrte Wasserabgabe und verminderte Nahrungsaufnahme eine bereits bestehende Verstopfung verstärkt.
Das Fieber wird abgeleitet (Temperaturableitung) – am besten durch einen kühlen oder kalten Einlauf.
Es kommt zu einer Steigerung des Wohlbefindens und Verminderung des Krankheitsgefühls, damit bessern sich Kopf- und Gliederschmerzen, auch eine allgemeine Abgeschlagenheit.

Gefahr der Rückvergiftung

Während einer Infektionskrankheit füllt sich der Darm fortwährend mit Stoffwechselgiften – mit Bakterien und Viren sowie deren Zerfallsprodukten. Der Körper muß diese Gifte so rasch wie möglich ausscheiden, bevor sie über das Blut wieder in den Kreislauf gelangen und so zu einer Rückvergiftung des Körpers führen. Die Giftstoffe der Krankheitserreger erzeugen nicht nur Fieber (→ Seite 99), sondern verursachen auch Kopfschmerzen, Unwohlsein und Krankheitsgefühl. Die »Giftgrube Darm« muß also entleert werden (schon zwei Stunden nach einem Einlauf ist der Dickdarm wieder mit Giftstoffen angefüllt).

Einlaufgeräte

Es gibt eine Menge von Einlaufgeräten in Apotheken oder medizinischen Fachgeschäften; am praktischsten ist das der Firma Hartmann; es besteht aus einem Vorratsbehälter, einem Schlauch mit Klistierstift samt Absperrhahn (etwa 35 DM). Es gibt auch billigere Geräte: das Einlaufgerät mit Schlauchklemme (Firma Nicolas), ein Gerät, das von Röntgenologen für Kontrasteinläufe benutzt wird (etwa 12 DM) und das einfache Gerät »Klyso« (Continental), mit dem man aus einem Vorratsgefäß über einen Gummiballon Wasser in den Darm pumpen kann. Für Kinder und Säuglinge genügt der einfache Gummiball mit Klistierspitze.

Mit warmem oder kaltem Wasser

Soll nur eine einfache Darmentleerung erreicht werden, macht man den Einlauf am besten mit warmem Wasser (etwa 37 oder 38 °C). Bei Darmkrämpfen nimmt man wärmeres Wasser (bis zu 40 °C), bei hoch fieberhaften Zuständen kühles oder kaltes Leitungswasser (um 20 °C). Die Temperatur richtet sich in der Regel nach dem Bedürfnis des Kranken.

Bei Säuglingen und Kleinkindern genügen bereits 100 bis 200 ml, bei größeren Kindern nimmt man ¼ bis ½ Liter, bei Erwachsenen ½ bis 1 Liter Flüssigkeit. Meist wird der Einlauf nur mit Wasser gemacht, aber auch Salzwasser (50 Gramm Koch- oder Meersalz auf 1 Liter Wasser) oder Kamillentee (Rezept → Seite 74) eignen sich dafür.

Der Einlauf kann in liegender (auf dem Bauch oder auf der Seite), besser jedoch in kniender Stellung (Ellbogen aufstützen) gemacht werden, einen Reinigungseinlauf, zum Beispiel vor einem temperaturansteigenden Bad, auch in hockender oder sitzender Stellung (zum Beispiel auf dem Klo).

Einlauf bei Bettlägerigen

Ist der Kranke so geschwächt, daß er zur Darmentleerung nicht aufstehen kann, gibt man ihm eine Bettschüssel oder läßt ihn am Bettrand in eine Putzschüssel entleeren.

So wird's gemacht: Hängen Sie das gefüllte Einlaufgerät an einen Haken oder den Tür- oder Fenstergriff; lassen Sie zunächst die Luft aus dem Schlauch, indem Sie den Verschluß kurz öffnen. Schieben Sie das eingefettete Klistierstück behutsam in den After, während Sie wie beim Stuhlgang ein wenig pressen. Lassen Sie langsam und so lange

Flüssigkeit einlaufen, bis Sie einen deutlichen Stuhldrang spüren. Bleiben Sie entspannt, atmen Sie ruhig. Der Darminhalt wird kurz nach Eintreten des Stuhlgangs entleert.

Einlauf bei Kleinkindern

Wenn Sie bei Kleinkindern einen Einlauf durchführen, sollten Sie dabei behutsam vorgehen; machen Sie die Klistierspitze des Gummiballs mit ein wenig Salbe geschmeidig, führen Sie die Spitze vorsichtig in den After ein, drücken Sie das Wasser aus dem Gummiball kontinuierlich, aber nicht zu schnell in den Darm. Einläufe sollten möglichst bald nach dem Auftreten der ersten Beschwerden durchgeführt werden. Je heftiger und schwerer die Erkrankung, je höher das Fieber ist, desto häufiger sollten die Einläufe wiederholt werden: anfangs, also am ersten Tag oder in den beiden ersten Tagen, bis zu sechs Einläufe – jede Stunde oder alle zwei Stunden. Sobald sich das Allgemeinbefinden deutlich bessert und das Fieber sinkt, genügen ein bis zwei Einläufe am Tag. Wie sehr ein Einlauf entgiftet, kann man an dem äußerst penetranten Geruch des Stuhls feststellen.

Bei Auftreten der ersten Beschwerden

Salinische Mittel

Einläufe entgiften nur den Dickdarm; zur Entleerung der höhergelegenen Darmabschnitte empfiehlt sich die **Einnahme von salinischen Mitteln.** Die üblichen Abführmittel sind zu Recht in Verruf gekommen, weil sie dem Darm seine wichtige Aufgabe unmöglich machen (→ Seite 100). Im übrigen enthalten einige der Präparate Substanzen, die gesundheitsgefährdend sind. Salinische Abführmittel dagegen sind ohne jede Nebenwirkung, sie wirken außerordentlich schnell und sind für den kurzzeitigen Gebrauch geeignet. Sie ergänzen die Wirkung des Einlaufs; sie können ihn auch ersetzen, wenn er aus irgendwelchen Gründen nicht durchgeführt werden kann. Bedenken Sie aber, daß Serieneinläufe die sicherste Darmentgiftung sind; denn mit ihrer Hilfe kann man die Giftstoffe, die sich ständig im Darm ansammeln, schnell entfernen.

Serieneinläufe entgiften besser

So wird's gemacht: Wenn Sie die salinischen Abführmittel zusätzlich zu Einläufen anwenden, dann lösen Sie 1 gestrichenen Teelöffel Bittersalz in ¼ Liter lauwarmem Wasser oder Kräutertee auf, trinken Sie diese Lösung – tagsüber oder abends – möglichst schnell. Machen Sie keinen Einlauf, lösen Sie 2 Teelöffel Bittersalz in ¼ Liter warmem

Wasser auf und trinken diese Lösung morgens nüchtern, ebenfalls möglichst rasch.

Auch diese Mittel helfen

Sie können die Salzlösung mit etwas Zitronensaft versetzen oder anstelle von Bittersalz das besser schmeckende F.X. Passage Pulver (Firma Mayer) verwenden, von dem Sie *zusätzlich* zu Einläufen einen gehäuften Teelöfel auf ¼ Liter Flüssigkeit nehmen, *anstelle* von Einläufen 3 bis 5 Teelöffel aus ¼ Liter Wasser.
Eine gut abführende Wirkung hat auch ein Glas Sauerkrautsaft (Reformhaus) oder ¼ Liter Buttermilch – beides sollte morgens nüchtern schluckweise getrunken werden. Probieren Sie aus, was Ihnen am besten schmeckt und am sichersten hilft.

Inhalationen und Nasenspülungen

Mit Tees inhalieren

Inhalationen und Nasenspülungen können mehrmals täglich angewendet werden. Am einfachsten ist die **Inhalation mit Tee:** Kamillen- beziehungsweise Salbeitee oder Teemischung 6 (Rezepte → Seite 74). Dem Inhalt können Sie 1 bis 2 Tropfen Japanisches Heilpflanzenöl (Firma Rödler) beigeben – seien Sie damit aber etwas vorsichtig; wenn zu viel zugesetzt wird, kann es zu Schleimhautreizungen der Augen kommen.
Der Handel bietet preiswerte und praktische Inhaliergeräte an, in der Regel zusammen mit Fertigpräparaten. Sie sind jedoch für eine Inhalation nicht unbedingt notwendig.
So wird's gemacht: Das heiße Inhalat in eine Schüssel geben und die Dämpfe, Kopf und Schüssel von einem Badetuch bedeckt, 10 bis 15 Minuten einatmen. Nach der Inhalation, den Kopf gut mit einem vorgewärmten Handtuch bedeckt, für 20 bis 30 Minuten im Bett ruhen.

Inhalation mit Zwiebeldämpfen

Bei Husten und Schnupfen ist auch eine **Inhalation mit Zwiebeldämpfen** empfehlenswert.
So wird's gemacht: Eine rohe Zwiebel fein zerhacken und in ½ Liter Wasser kochen. Danach die Dämpfe des Zwiebelauszugs einatmen; seien Sie dabei aber bitte vorsichtig – Zwiebeldämpfe können Schleimhautreizungen hervorrufen.

Spülungen mit Salz

Für **Nasenspülungen** eignen sich am besten Salzlösungen, Sie können Emser Salz, aber auch Meer- oder Kochsalz verwenden.

So wird's gemacht: 1 Messerspitze Salz in 1/4 Glas lauwarmes Wasser einrühren, jeweils ein Nasenloch zuhalten, durch das andere die Salzlösung aus dem schräggeneigten Glas kräftig hochziehen. Sie müssen ein wenig üben, anfangs wird eine Nasenspülung sicher nicht ohne Prusten und Husten möglich sein.

Vollwerternährung stärkt die Selbstheilungskräfte

Die Ernährung hat einen sehr wesentlichen Einfluß auf die Entstehung von Erkältungskrankheiten und Infektanfälligkeit. Der Zusammenhang ist einleuchtend: Wir essen zuviel, zu hastig, das Falsche und zur verkehrten Zeit. Wie aber machen Sie es richtig?

Statt wertloser Nahrungsmittel: Vollwertkost

Sieben Ernährungsregeln können Ihnen dabei helfen, sich mit abwechslungsreicher Vollwertkost gesund zu erhalten und gleichzeitig die Abwehrkräfte Ihres Körpers zu stärken:

- Meiden Sie Zucker, Weißmehl und Schweinefleisch!

Zucker und Weißmehl sind »raffiniert«, das heißt von ihren natürlichen und wertvollen Begleitstoffen getrennt. Da sie jedoch sehr viele Kalorien enthalten, machen sie dick, ohne uns nützlich zu sein.

Vollkornprodukte dagegen, Vollkornbrot, Vollkornflocken, Knäckebrot, Vollkorngebäck, außerdem Sojaprodukte und Vollreis, sind unentbehrlich für unsere Ernährung. Versuchen Sie einmal ein Frischkornmüsli zum Frühstück – frisch gemahlene Körner, mit Obst angerichtet und mit Honig gesüßt – Sie werden erleben, daß ein solches Frühstück nicht nur besser schmeckt als Toastbrot oder Semmeln, sondern auch viel länger vorhält. Essen Sie statt Weiß-, Misch- oder Graubrot Vollkornbrot; das Getreidekorn ist der natürliche Speicher lebenswichtiger Vitamine und Mineralstoffe.

Der regelmäßige Verzehr von Schweinefleisch – so wird immer wieder beobachtet – kann eine Reihe von Krankheiten (zum Beispiel Infektanfälligkeit, Hautleiden, Allergien, Rheuma) verschlimmern. Ein sicherer Beweis dafür konnte allerdings bisher noch nicht erbracht werden.

Täglich Frischkost

- Essen Sie täglich Frischkost!

Obst, Gemüse, Salat sollten möglichst aus biologischem Anbau stammen, reif geerntet und naturbelassen verzehrt werden. Frischkost enthält wichtige Vitamine und Mineralstoffe – Nahrungsbestandteile, die unser Organismus zum Aufbau wichtiger Nährstoffe braucht, außerdem Ballaststoffe (unverdauliche Faserstoffe), die verdauungsfördernd wirken.

- Essen Sie Joghurt-Produkte, denn sie enthalten wertvolle Bakterien, die unser Darm dringend braucht!

Täglich sollten Sie auch Frischmilch, Quark in jeder Form, mageren Käse, vor allem aber Sauermilchprodukte zu sich nehmen. Mit Bioghurt, Biogard, Sanoghurt, Dickmilch, Kefir und den meisten Joghurt-Produkten (achten Sie auf rechtsdrehende = + Milchsäure) erleichtern Sie Ihrem Abwehrsystem das notwendige Training.

- Essen Sie das richtige Fett!

Auf versteckte Fette achten

Es ist nicht nötig, daß Sie Ihre Ernährung nun auf spezielle Fette umstellen – wichtig allein ist, daß Sie nicht zu viel an »versteckten Fetten« zu sich nehmen –, wie sie beispielsweise in Wurst, fettem Fleisch, Speck oder Cremetorten versteckt sind. Verwenden Sie beim Anrichten der Speisen Pflanzenöle und Pflanzenfette, essen Sie Butter oder eine gute Margarine – und von allem nicht zuviel. Was Sie zuviel essen, wird im Bindegewebe eingelagert, das zur »Müllhalde« gewordene, sehr wichtige Abwehrsystem kann nicht mehr richtig funktionieren.

Statt Salz: Kräuter

- Würzen Sie sparsam mit Salz, aber reichlich mit Kräutern!

Schnittlauch, Petersilie und Dill, diese Gewürze werden Sie sicher kennen, vielleicht auch noch Meerrettich und Senf – verwenden Sie aber auch regelmäßig Estragon, Bärlauch, Bohnenkraut, Origano, Rosmarin, Salbei, spanischen Pfeffer, Wacholder, Kümmel, Basilikum, Ingwer und Liebstöckel? Auf Salz und Zucker können Sie leicht verzichten, wenn Ihr Gewürzbord gut bestückt ist. Es gibt sehr viele Gewürze, die Sie frisch oder getrocknet und Ihrem Geschmack entsprechend in der Küche und bei Tisch verwenden können; die meisten haben eine durchaus aktivierende Wirkung.

- Essen Sie morgens wie ein Kaiser, mittags wie ein Edelmann und abends wie ein Bettelmann!

Leichte Abendmahlzeit

Was wir morgens und mittags zu uns nehmen, wird zügig und vollständig verdaut. In den Abendstunden jedoch schaltet unsere große Verdauungsdrüse, die Leber, von Nahrungsaufnahme um auf Nahrungsverwertung. Das bedeutet, daß das, was abends in den Magen gelangt, nicht mehr verwertet, sondern im Bindegewebe als Fett eingelagert wird. Das Bindegewebe aber hat eine sehr wichtige Funktion in der Krankheitsabwehr (→ Seite 95), die durch »Müllablagerungen« geschwächt wird. Die meisten Menschen, die an Fettsucht leiden, essen abends zuviel! Essen Sie also abends nur wenig und leicht Verdauliches.

- Sie sollen das Essen trinken und das Trinken essen!

Das Trinken vom Essen trennen

Das bedeutet, daß wir jeden Bissen fester Nahrung so lange kauen, bis er im Mund flüssig wird und wir ihn wie ein Getränk hinunterschlucken können. Die Verdauung der Nahrung beginnt im Mund; im Speichel sind viele nahrungsaufspaltende Wirkstoffe (Enzyme) enthalten, die dafür sorgen, daß unser Essen bereits vorverdaut im Magen ankommt. Kauen Sie einmal eine Kartoffel 30- bis 50mal: Sie schmeckt nach kurzer Zeit süß; die Speichelenzyme haben die Kartoffelstärke in Zucker aufgespalten. Wenn Sie jede Mahlzeit intensiver kauen, werden Sie merken, welch köstlichen Eigengeschmack viele einfache Nahrungsmittel besitzen. Durch gründliches Kauen essen Sie automatisch weniger, denn Sie werden schneller satt. Spülen Sie den Bissen und die wertvollen Speichelenzyme nicht einfach mit einem Getränk hinunter; das mag schneller gehen und Zeit sparen – was Sie jedoch dadurch an Zeit gewinnen, geht Ihnen bald darauf durch die Schläfrigkeit nach Tisch wieder verloren. Denn Magen und Darm brauchen durch Ihre »Schlamperei« mehr Energie, als nötig wäre. Trinken Sie Ihre Getränke langsam und schluckweise, kauen Sie dabei ein wenig, denn auch Getränke müssen eingespeichelt werden. Machen Sie es ruhig so wie ein Gourmet, wenn er einen guten Wein genießt: Er »kaut« die aufgenommene Flüssigkeit eine Weile. Übrigens gelangt ein kaltes Getränk, auf diese Weise genossen, angewärmt in den Magen, was zu seiner besseren Verträglichkeit beiträgt.

Das Fazit aus all dem Gesagten lautet also: Essen Sie das Richtige richtig – in richtiger Zusammensetzung und Menge, auf die richtige Weise und zur richtigen Zeit!

Richten Sie sich, vielleicht nur 14 Tage lang, in Ihrer Ernährung nach diesen Regeln – ich bin sicher, daß Sie sich danach wohler fühlen und jede andere Kost unberührt stehenlassen. Sie ernähren sich nicht nur viel gesünder, sondern auch schmackhafter!

Pflanzen, die heilen helfen

Hochwirksam – ohne Nebenwirkungen

Heilpflanzen nehmen bei der Behandlung der Erkältungskrankheiten und ihrer Folgezustände einen sehr wichtigen Platz ein. Die Pflanzenheilkunde besitzt ein jahrtausendealtes Wissen und eine ebensolange Erfahrung, die durch die moderne Forschung vielfach bestätigt und sogar erweitert werden konnten. Pflanzliche Medikamente sind bei richtiger Anwendung hochwirksam und ohne schädliche Nebenwirkungen. Sie besitzen eine milde, nachhaltige Wirkung, die aber in der Regel nicht sofort einsetzt. Auf jeden Fall müssen sie frühzeitig, anfangs meist hochdosiert (oft in stündlichem Abstand), und vor allem lange genug, oft über Wochen und Monate, eingenommen werden.
Pflanzliche Wirkstoffe werden in sehr unterschiedlicher Darreichungsform genutzt: als Frischpflanzen oder Frischpflanzen-Auszüge (heute selten), als Teedrogen*, die man zum Trinken, für Spülungen, zur Inhalation oder als Badezusätze verwenden kann, als alkoholische Auszüge (heute neben den Tees die ge-

* Droge steht für die getrocknete Pflanze oder den Pflanzenteil, hat also nichts mit Droge im Sinne der Sucht zu tun.

bräuchlichste Anwendungsform) oder pharmakologisch verarbeitet zu Tabletten, Dragees, Zäpfchen oder Salben.

Nach Wirkungsbereichen geordnet

Der besseren Übersicht wegen habe ich die Heilpflanzen, die Sie zur Behandlung von Erkältungskrankheiten einsetzen können, nach Wirkungsbereichen geordnet – für jede Droge finden Sie genaue Anwendungsvorschriften. Im Zusammenhang mit der Behandlung der einzelnen Erkältungskrankheiten (→ Seite 11) wurde angegeben, welche Zubereitung jeweils wirksam ist. Alle Teedrogen bekommen Sie in der Apotheke, Mischungen können Sie sich dort zusammenstellen lassen; alle anderen empfohlenen Mittel bereitet Ihnen Ihr Apotheker nach den genannten Rezepten auch zu.

Viele der empfohlenen Teerezepte stammen von Apotheker Mannfried Pahlow, dem ich für die Erlaubnis, sie in der Originalform übernehmen zu dürfen, herzlich danke. Die Titel seiner Heilpflanzenbücher sind auf Seite 120 (Bücher, die weiterhelfen) angegeben.

Heilpflanzen zur Steigerung der Abwehrkräfte

Sonnenhut (Kegelblume), *Echinacea angustifolia*

Lieferant des Echinazins

Schon lange als Mittel bekannt, das die Wundheilung fördert, setzt man diese Heilpflanze neuerdings mit Erfolg zur Stärkung der Abwehrkräfte ein, vor allem bei Erkältungskrankheiten. Jüngste Forschungsergebnisse haben gezeigt, daß unter dem Einfluß aller in dieser Pflanze enthaltenen Wirkstoffe, vor allem des Echinazins, eine deutliche Steigerung der Phagozytose (Freßzellentätigkeit, → Seite 98), nachzuweisen ist. Wirkstoffe dieser Heilpflanze sind deshalb in fast allen pflanzlichen Grippemitteln enthalten – zum Beispiel in Esberitox, Contramutan, toxi-loges, Echinatruw, Echtrosept und Angocin. Diese Mittel müssen bei Erkältungskrankheiten hochdosiert und lange genug eingenommen werden (genaue Dosierungsvorschriften wurden bei jedem Krankheitsbild angegeben).

Wasserdost, *Eupatorium*

In seiner Wirkung ist der Wasserdost dem Sonnenhut vergleichbar (beide Pflanzen gehören zur selben Familie). Die Inhaltsstoffe wirken vor allem gegen Virusinfektionen;

sie sind ebenfalls Bestandteil vieler pflanzlicher Fertigpräparate.

Einige Medikamente, die Sonnenhut- und Wasserdost-Wirkstoffe enthalten: Contramutan (Firma Müller-Rorer) enthält unter anderem Wirkstoffe des Wasserdost; Esberitox (Firma Schaper & Brümmer) enthält neben Sonnenhut-Wirkstoffen einige Homöopathika; Pascotox (Firma Pascoe) enthält unter anderem Wasserdost-Wirkstoffe; toxi-loges (Firma Loges) enthät unter anderem Wasserdost-Wirkstoffe; Echtrosept (Firma Vogel & Weber) enthält unter anderem Wirkstoffe von Wasserdost und Kapuzinerkresse; Angocin (Firma Repha) enthält unter anderem Wirkstoffe von Kapuzinerkresse und Meerrettich.

Heilpflanzen mit hohem Vitamin C-Gehalt

Hagebutten, *Fructus Cynosbati*

Zur Vorbeugung und Behandlung

Die leuchtendroten Früchte der Hundsrose mit ihrem hohen Vitamin C-Gehalt eignen sich zur Vorbeugung und zur Bekämpfung vor allem der beginnenden Erkältungskrankheit, denn Vitamin C (Ascorbinsäure) wird während einer Infektion und während des Fiebers vermehrt verbraucht.

Tee-Zubereitung und Anwendung: 2 bis 3 Teelöffel der Früchte auf 1/4 Liter kaltes Wasser, zum Kochen bringen, 5 Minuten kochen lassen, abseihen. 2- bis 3mal täglich 1 bis 2 Tassen Tee, mit Honig gesüßt, trinken, eventuell einen Teelöffel Zitronensaft beigeben.

Schwarze Johannisbeeren, *Ribes nigrum L.*
enthalten große Mengen von Vitamin C. Den Saft aus schwarzen Johannisbeeren können Sie als Heißgetränk bei beginnender Grippe in beliebiger Menge trinken. (Der Saft der roten Johannisbeere, der kaum Vitamin C enthält, eignet sich nicht zur Behandlung der Erkältungskrankheit.)

Sanddorn (Stranddorn), *Hippophae rhamnoides L.*

Säfte

Wegen seines hohen Vitamin-C-Gehalts wird Sanddorn als Saft zur Vorbeugung und zur Behandlung beginnender Erkältungskrankheiten eingesetzt (Sanddorn-Saft oder Sanddorn-Ursaft der Firma Weleda).

Anwendung: Zur Vorbeugung täglich 1 bis 2 Eßlöffel Saft über einen beliebig langen Zeitraum, zur Behandlung 3- bis 6mal täglich 2 Eßlöffel Saft einnehmen.

Zitrone enthält viel Vitamin C.
Saft-Zubereitung: Den Saft ½ bis 1 Zitrone mit ¼ Liter heißem Wasser übergießen und mit Honig süßen. Zitronensaft kann mit jedem angegebenen Tee gemischt werden. (Keinen Zitronenextrakt verwenden, er ist wirkungslos!)

Paprika und **Kiwifrüchte** haben ebenfalls einen hohen Vitamin C-Gehalt und eignen sich deshalb sowohl zur Vorbeugung als auch zur Behandlung beginnender Erkältungskrankheiten. Sie sollten roh verzehrt werden.

Keimtötende und desinfizierende Heilpflanzen

Im Gegensatz zu den »chemischen« Antibiotika, die meist eine sofortige Wirkung bei bakteriellen Infektionen zeigen, wirken die natürlichen pflanzlichen »Antibiotika« sehr viel langsamer und auch milder. Für den Ernstfall, beispielsweise eine Lungenentzündung, bei der es auf eine rasche Wirkung ankommt, eignen sich diese Mittel nicht! Bei der Behandlung »normaler« Erkältungskrankheiten jedoch sind pflanzliche Antibiotika sehr wirksam. Sie besitzen kaum Nebenwirkungen und können deshalb über Wochen oder sogar Monate eingenommen werden. (Sie scheinen auch eine deutliche virustötende Wirkung zu besitzen.) Da viele von ihnen zu den Nahrungsmitteln zählen, empfehle ich ihren täglichen Verzehr, um möglichst immer gegen Infektionserreger geschützt zu sein.

Pflanzliche »Antibiotika«

Kapuzinerkresse und **Gartenkresse,** beide Pflanzen frisch verzehrt, sind in der Wirkung dem Senf und dem Meerrettich ähnlich. Beide Kressearten wachsen bei uns auf feuchtem Boden und werden von vielen Menschen als Salat gegessen. Gartenkresse kann man sich ohne große Mühe in einer Tonschale selber ziehen, sogar am Fensterbrett. Man hat auf diese Weise jeden Tag etwas Frisches aufs Brot, das außerdem Infekten vorbeugt. Die Kapuzinerkresse ist häufiger Bestandteil pflanzlicher Medikamente.

Der »Salat vom Fensterbrett«

Der **Meerrettich,** von dem nur die frische Wurzel verwendet wird, gilt ebenfalls als Nahrungsmittel; Sie sollten ihn regelmäßig essen.

Der **Knoblauch** ist eine uralte Heilpflanze, er gehört zu den Liliengewächsen. Schon den alten Ägyptern war seine heilsame Wirkung bei vielerlei Krankheiten bekannt.

Schützt vor Arterienverkalkung

Heute interessiert sich die Wissenschaft wieder vermehrt für die Heilwirkung dieser Pflanze und hat die Empirie (Erfahrung) bestätigt: Neben vielen anderen Heilwirkungen ist Knoblauch auch bekannt als Blutgefäßmittel, das einer Arterienverkalkung entgegenwirkt. Hervorzuheben ist seine antibakterielle Wirkung im Zusammenhang mit der Erkältungskrankheit; Menschen, die regelmäßig frische Knoblauchzehen essen – mindestens 1 bis 2 Zehen pro Tag – erkranken viel seltener an einem Infekt. Knoblauch hat aber (leider) einen äußerst penetranten Geruch, der noch stundenlang nach dem Verzehr vom Körper ausgedünstet wird. Das macht die Anwendung dieser wertvollen Heilpflanze etwas problematisch. Mit Hilfe von Tricks läßt sich dieser unangenehme Geruch jedoch vermindern; zum Beispiel: gleichzeitig einen Petersilienstengel oder trockenes Schwarzbrot kauen.

1–2 Knoblauchzehen täglich

Wirkt innerlich und äußerlich

Die **Zwiebel** hat vor allem eine schmerzlindernde und entzündungshemmende, außerdem eine keimtötende Wirkung. Auch zur Schleimlösung bei Husten und Schnupfen wird sie mit Erfolg eingesetzt. Bei schmerzhafter Mittelohrentzündung wird sie äußerlich als *Zwiebelkompresse* angewendet (→ Seite 56). Bei Husten und Schnupfen wird die Zwiebel für Inhalationen verwendet (→ Seite 62). Eine andere Form der innerlichen Anwendung findet sie als *Zwiebelsaft* bei Husten und Schnupfen (vor allem sehr wirksam bei Kindern zur Schleimlösung).

So wird's gemacht: Eine Zwiebel kleinhacken und zerdrücken, mit der gleichen Menge Zucker oder Honig in 1/8 Liter Wasser (etwa 1/2 Tasse) 5 Minuten kochen; einige Stunden ziehen lassen, den Ansatz auspressen. 3- bis 5mal täglich 1 bis 2 Teelöffel Saft einnehmen.

Es gibt noch eine andere Art der Herstellung:

Zwiebelsaft

So wird's gemacht: Eine Zwiebel in Scheiben schneiden, Zwiebelscheiben zusammen mit Zucker oder Honig schichtweise in ein Glas geben; über Nacht stehenlassen; den Ansatz auspressen. 3- bis 4mal täglich 1 Eßlöffel Saft einnehmen, solange die Beschwerden bestehen. (Kühl aufbewahrt hält sich dieser Saft einige Tage.)

Keimtötend, durchblutungsanregend

Senf, von dem nur die Samen verwendet werden, hat eine gute Heilwirkung bei entzündlichen Atemwegserkrankungen; er wirkt keimtötend, regt außerdem Atmung und Durchblutung an; vor allem bei Kindern ist er sehr wirksam. Äußerlich wird er als Senfwickel (→ Seite 54) verwendet oder als Zusatz zu Fußbädern (→ Seite 44) bei Kopfschmerzen, Fieber und Nebenhöhlenentzündungen; Senffußbäder steigern ebenfalls die Durchblutung, deshalb wirken sie auch prompt bei kalten Füßen.

Heilpflanzen mit schweißtreibender Wirkung

Stärken die Abwehrkräfte

Lindenblüten wirken ebenso wie **Holunderblüten** schweißtreibend, sie stärken gleichzeitig die Abwehrkräfte, auch dann, wenn der Kranke nicht schwitzen kann. Zwei amerikanische Kinderärzte behandelten in einem Versuch 159 Kinder, die an einem akuten Infekt erkrankt waren, davon 55 nur mit Bettruhe und Lindenblütentee, 37 der kleinen Patienten zusätzlich mit Antibiotika, 67 Kinder nur mit Antibiotika. Die mit Lindenblütentee und Bettruhe behandelten Kinder wurden am schnellsten gesund, bei ihnen zeigten sich weit weniger Komplikationen als bei jenen, die zusätzlich Antibiotika bekommen hatten; das Ergebnis der Untersuchung: zehn zu eins für Lindenblütentee! Besonders geeignet ist er im Zusammenhang mit einer Schwitzpackung.

Tee-Zubereitung und Anwendung: 1 bis 2 Teelöffel Blüten mit ¼ Liter kochendem Wasser überbrühen, 10 Minuten ziehen lassen, 2- bis 6mal täglich 1 bis 2 Tassen Tee heiß und schluckweise trinken.

Vom **Holunder** werden sowohl die Blüten als auch die Beeren verwendet. Holundertee, fälschlicherweise als Fliedertee oder als Fliederbeertee bezeichnet, wirkt schweißtreibend; er ist besonders geeignet im Zusammenhang mit einer Schwitzpackung.

Tee-Zubereitung und Anwendung: 2 Eßlöffel Blüten mit ½ Liter kochendem Wasser übergießen, 10 Minuten ziehen lassen, abseihen. Bei der Schwitzpackung 2 Tassen Tee sehr heiß und schluckweise trinken.

Den Saft heiß trinken

Holunderbeersaft, der heiß getrunken werden muß, hat auch eine schweißtreibende Wirkung. Verdünnung: 1 Teil Saft auf 3 Teile Wasser.

Wirkt schweißtreibend

Ein ebenfalls wohlschmeckender Heiltee wird aus einer Mischung aus Lindenblüten, Holunderblüten sowie einem großen Anteil an Kamillenblüten bereitet:

Teemischung 1	Holunderblüten	30,0
	Lindenblüten	30,0
	Kamillenblüten	40,0

Zubereitung und Anwendung der Teemischung: 3 Teelöffel der Mischung mit ¼ Liter kochendem Wasser überbrühen, 10 Minuten ziehen lassen, nach Belieben Honig und Zitronensaft zugeben, heiß trinken.

Bei akuter fieberhafter Erkältungskrankheit

Zur Unterstützung des Abwehrsystems eignen sich Teemischungen mit vitaminreichen und beruhigenden Heilpflanzenzusätzen besonders gut:

Teemischung 2	Hagebuttenfrüchte	25,0
	Lindenblüten	25,0

Zubereitung und Anwendung der Teemischung: 2 bis 3 Teelöffel der Mischung mit ¼ Liter kaltem Wasser übergießen, zum Kochen bringen, 1 Minute kochen lassen, abseihen. Honig und den Saft ½ Zitrone zugeben. 2- bis 3mal täglich 1 bis 2 Tassen Tee trinken.

Teemischung 3	Lindenblüten	10,0
	Melissenblätter	10,0
	Hagebuttenfrüchte	10,0
	Erdbeerblätter	5,0

Bei akuter fieberhafter Erkältungskrankheit

	Brombeerblätter	5,0
	Holunderblüten	5,0
	Hibiskusblüten	5,0
	Fenchelfrüchte	5,0

Zubereitung und Anwendung der Teemischung: 2 Teelöffel der Mischung mit 1/4 Liter kochendem Wasser überbrühen, 20 Minuten ziehen lassen, abseihen. Mit Honig süßen, den Saft 1/2 Zitrone zugeben.

Teemischung 4	Kamillenblüten	20,0
	Lindenblüten	20,0
	Melissenblätter	10,0
	Pfefferminzblätter	10,0
	Hagebuttenfrüchte	10,0
	Orangenblüten	10,0

Vitamin C zur Vorbeugung

Zubereitung und Anwendung der Teemischung: 2 Teelöffel der Mischung mit 1/4 Liter kochendem Wasser überbrühen, 20 Minuten ziehen lassen, abseihen. Mit Honig süßen, den Saft 1/2 Zitrone zugeben.
Diese Tees können Sie während eines akuten Infekts beliebig lange und beliebig oft am Tag trinken; sie eignen sich auch vorzüglich zur Vorbeugung.

Entzündungshemmende Heilpflanzen

Drei Heilwirkungen

Die **Kamille,** von der nur die Blüten verwendet werden, ist eine der wichtigsten und am häufigsten verwendeten Heilpflanzen. Bei der Behandlung von Erkältungskrankheiten stehen drei Heilwirkungen im Vordergrund: Kamille wirkt entzündungshemmend, wundheilend und krampfstillend. Sie ist eines unserer besten Mittel bei chronischen Entzündungszuständen.
In neueren Untersuchungen wurde festgestellt, daß die Kamille Giftstoffe zu entgiften vermag, die von Bakterien gebildet werden; bereits sehr kleine Mengen des aus ihr gewonnenen ätherischen Öls reichen aus, um diese Wirkung zu erzielen. Die Kamille eignet sich hervorragend zur Inhalation bei allen Atemwegserkrankungen einschließlich der bakteriellen Zweitinfektion in den Nasennebenhöhlen.

Beachten Sie bitte

Die Kamille sollte nicht als äußerliche Anwendung bei entzündlichen Veränderungen an den Bindehäuten der Augen eingesetzt werden, weil sie hier Schädigungen verursachen kann.
Tee-Zubereitung und Anwendung: 1 bis 2 Teelöffel Blüten mit 1/4 Liter kochendem Wasser übergießen, 5 Minuten ziehen lassen, abseihen. Mehrmals täglich 1 Tasse warmen Tee trinken; diese Mischung kann auch als Gurgel- oder Spülmittel verwendet werden.

Inhalation, Badezusatz, Salben, Tinktur

Für die Inhalation: 1 bis 2 Eßlöffel Blüten auf 1/2 Liter Wasser geben.
Als Badezusatz: 1 bis 2 Handvoll Kamillenblüten mit 1 Liter kochendem Wasser übergießen, 5 Minuten ziehen lassen; die Flüssigkeit mit den Blüten dem Badewasser zusetzen.
Häufig werden auch *Kamille-Tinkturen* verschrieben; die Dosierung ist dem Beipackzettel zu entnehmen. *Kamillehaltige Salben* werden zur Wundheilung eingesetzt und in Verbindung mit mentholhaltigen Substanzen zum Einreiben und zum Inhalieren verwendet – beispielsweise enthalten sowohl der Transpulmin Balsam (Firma Homburg) als auch die Bronchoforton Salbe (Firma Plantorgan) Wirkstoffe der Kamille.

Tees zum Gurgeln und Spülen

Die **Blutwurz** wird zum Gurgeln bei Hals- und Mandelentzündungen verwendet.
Tee-Zubereitung und Anwendung: 1 bis 3 Eßlöffel Wurzel mit 1/2 Liter kochendem Wasser übergießen, 10 Minuten ziehen lassen, abseihen. Mit dieser Abkochung mehrmals täglich (bis stündlich) gurgeln.

Von der **Heidelbeere** werden die getrockneten Früchte verwendet; sie sind ein sehr gutes Mittel bei Mundhöhlen-, Hals- und Mandelentzündungen.
Tee-Zubereitung und Anwendung: 1 bis 3 Eßlöffel Früchte mit 1/2 Liter Wasser übergießen, 10 Minuten kochen lassen, abseihen. Mehrmals täglich (bis stündlich) diese Abkochung gurgeln.

Salbei enthält neben anderen Inhaltsstoffen ätherische Öle und bakterientötende Stoffe. Besonders gut geeignet ist er

als Gurgelmittel bei Mandelentzündung, außerdem wirkt er schmerzlindernd, entzündungshemmend und heilungsfördernd. Mundspülungen müssen so lange durchgeführt werden, bis die Beschwerden abgeklungen sind.
Tee-Zubereitung und Anwendung: 1 Teelöffel Blätter mit 1/4 Liter kochendem Wasser übergießen, 5 Minuten ziehen lassen, abseihen. Alle 2 Stunden spülen – mehrere Tage lang bis zum Abklingen der Beschwerden. Am besten bereitet man sich den Tee für den Tagesbedarf zu und hält ihn in einer Thermosflasche warm.
Für Mundspülungen wird diese Abkochung lauwarm verwendet.

Bei Entzündungszuständen

Arnika, auch unter dem Namen Bergwohlverleih bekannt, wird vor allem zum Gurgeln bei Mandelentzündungen und Rachenkatarrh verwendet.
Tee-Zubereitung und Anwendung: 1 bis 2 Teelöffel Blüten mit einer Tasse kochendheißem Wasser übergießen, 10 Minuten ziehen lassen, abseihen. Bei akuten Zuständen 6- bis 8mal täglich mit kleinen Mengen dieser Abkochung gurgeln.
Auch die **Arnika-Tinktur** hat sich als Gurgelmittel bei Entzündungszuständen bewährt.
Anwendung: 5 bis 10 Tropfen auf 1 Glas warmes Wasser geben; 6- bis 8mal täglich, bei akuten Zuständen stündlich mit dieser Lösung gurgeln.
Sowohl mit Arnika-Tee als auch mit Arnika-Tinktur so oft gurgeln, bis die Beschwerden vollständig abgeklungen sind.

Teemischungen zum Gurgeln und Spülen

Ebenso eignen sich einige Teemischungen mit ihrer heilungsfördernden und schmerzlindernden Wirkung bei Entzündungen im Hals-, Nasen- und Rachenraum zum Gurgeln und Spülen:

Teemischung 5	Kamillenblüten	20,0
	Salbeiblätter	20,0

Entzündungshemmend

Teemischung 6	Kamillenblüten	15,0
	Huflattichblätter	15,0
	Blutwurzwurzel	15,0

Teemischung 7	Kamillenblüten	10,0
	Salbeiblätter	5,0
	Heidelbeeren, getrocknet	5,0
	Huflattichblätter	5,0
	Arnikablüten	5,0

Teemischung 8	Kamillenblüten	10,0
	Fenchelfrüchte	10,0
	Heidelbeeren, getrocknet	10,0
	Huflattichblätter	10,0

Zubereitung und Anwendung der Tees: 2 Teelöffel der Mischung mit 1/4 Liter kochendem Wasser überbrühen, 10 Minuten ziehen lassen, abseihen. Das Gurgelmittel muß jeweils warm angewendet werden und so lange, bis die Beschwerden abgeklungen sind.

Schnupfen, Husten und Nebenhöhlenentzündungen

Aufgrund ihrer flüchtigen Inhaltsstoffe (ätherischen Öle), die über den heißen Dampf aufgenommen werden können, sind die beiden folgenden Teemischungen besonders gute Zusätze zum Inhalieren. Sie wirken entzündungshemmend und schleimlösend:

Teemischung 9	Kamillenblüten	20,0
	Thymiankraut	10,0
	Salbeiblätter	10,0

Zubereitung und Anwendung des Tees: 1 bis 2 Eßlöffel der Mischung mit 1/2 Liter kochendem Wasser übergießen und die Dämpfe einatmen.

Teemischung 10	Kamillenblüten	20,0
	Thymiankraut	20,0
	Dostkraut (Origano)	20,0

Zubereitung und Anwendung des Tees: 1 Eßlöffel der Mischung mit 1/2 Liter kochendem Wasser übergießen und die Dämpfe einatmen.

Die wichtigsten Hustenmittel

Hustenmittel lassen sich nach ihren Eigenschaften in drei Gruppen einteilen:

Heilwirkungen

- Schleimhaltige Drogen; sie wirken hauptsächlich entzündungshemmend und reizlindernd und eignen sich deshalb besonders gut zur Behandlung des trockenen Reizhustens.
- Seifendrogen; sie wirken schleimlösend und auswurffördernd und eignen sich deshalb besonders gut zur Behandlung des Hustens, der mit zäher Schleimbildung verbunden ist.
- Krampflösende Hustenmittel; sie eignen sich besonders gut zur Behandlung von Keuchhusten, Neigung zu Krupphusten, spastischer Bronchitis und Asthma.

Entzündungshemmende Hustenmittel

Der **Eibisch** – ein Malvengewächs, von dem die Wurzel verwendet wird, steht bei den schleimhaltigen Drogen an erster Stelle. Wegen seines hohen Schleimgehalts ist er ein vorzügliches Mittel bei allen hochakuten, entzündlichen und schmerzhaften Reizzuständen der Atemwege. Um den Schleim in der Pflanze zu erhalten, muß man den Eibisch als Kaltauszug zubereiten.

Kaltauszug

Tee-Zubereitung und Anwendung: 1 Teelöffel Wurzel mit 1/4 Liter kaltem Wasser übergießen und abgedeckt – am besten über Nacht – stehenlassen. Verwendet wird der Eibisch als kalter oder etwas angewärmter Tee. 3- bis 4mal täglich 1 Tasse schluckweise trinken, solange die Beschwerden bestehen.

Auch als *Gurgelmittel* ist der Eibisch einzusetzen.

So wird's gemacht: 1 Teelöffel getrocknete Eibischwurzel mit 1/4 Liter kaltem Wasser übergießen, 10 Minuten kochen lassen, abseihen. 6- bis 8mal täglich bis stündlich mit einer kleinen Menge dieser Abkochung gurgeln, solange die Beschwerden bestehen.

Eibisch-Sirup

Ein besonders beliebtes Hustenmittel, vor allem bei Kindern, ist der wohlschmeckende **Eibisch-Sirup**, den man aus den folgenden Zutaten ganz einfach selbst herstellen kann:

Eibisch-Sirup	Eibischwurzel, grob geschnitten, 1 schwach gehäufter Eßlöffel	5,0
	Kornschnaps, 2 Teelöffel	5,0
	Wasser, 1 kleine Tasse	110,0
	Honig, 3 gehäufte Eßlöffel	150,0

Sirup-Zubereitung und Anwendung: Die mit Wasser abgewaschene Wurzel auf einem Filter (Trichter oder Filtergerät, mit 3 oder 4 Lagen Mull auslegen) mit Kornschnaps und Wasser übergießen und eine Stunde lang bei Zimmertemperatur in der Weise ausziehen, daß die ablaufende Flüssigkeit wieder auf den Filter zurückgegossen wird. Diesen Auszug zusammen mit Honig kurz aufkochen und heiß in eine Flasche füllen. Vor Gebrauch schütteln – 3- bis 4mal täglich 1 Teelöffel Sirup entnehmen.

Nicht zu lange aufbewahren!

Nach diesem Rezept können Sie sich auch **Fenchel**- und **Spitzwegerich-Sirup** zubereiten und diese drei Zubereitungen miteinander mischen.

Die **Malve,** auch Käsepappel genannt, von der Blüten, Blätter oder das ganze Kraut verwendet werden, ist wirksam bei akutem schmerzhaften Reizhusten, auch zum Gurgeln und Spülen bei Mundhöhlen- und Rachenentzündungen.

Tee-Zubereitung und Anwendung: 1 Eßlöffel Kraut mit ¼ Liter lauwarmem Wasser übergießen, 5 bis 10 Stunden unter gelegentlichem Umrühren ziehen lassen, abseihen. 3- bis 4mal täglich 1 Tasse Tee, mit Honig gesüßt, schluckweise trinken oder stündlich 1mal mit einer kleinen (ungesüßten) Teemenge spülen beziehungsweise gurgeln.

Tee zum Gurgeln und Spülen

Schmuckdroge

Von der **Stockrose** werden die leuchtendroten Blüten verwendet; sie wirkt ähnlich wie Eibisch, aber nicht so stark; hauptsächlich wegen ihrer schönen roten Farbe werden die Blüten Hustenteemischungen beigegeben.

Der **Spitzwegerich,** von dem das ganze Kraut verwendet wird, ist ein sehr gutes Mittel bei trockenem Reizhusten, Keuchhusten und Heiserkeit. Er enthält viel Schleim, Gerbstoffe und Kieselsäure, außerdem keimtötende Substanzen. (Der Breitwegerich aber ist als Hustenmittel unwirksam.)

Tee-Zubereitung und Anwendung: 1 bis 2 Teelöffel der Droge oder des frischen Krautes mit 1/4 Liter kochendem Wasser übergießen, 10 bis 15 Minuten ziehen lassen, abseihen, 3- bis 4mal täglich 1 Tasse Tee, mit Honig gesüßt, schluckweise trinken.

Sirup für Kinder

Sehr wirkungsvoll, vor allem bei Kindern sehr beliebt, ist der **Spitzwegerich-Sirup,** den man selbst herstellen kann.

Sirup-Zubereitung und Anwendung: Rohen Spitzwegerich-Saft, der durch Zerkleinern und Auspressen des frischen Krautes hergestellt wird, mit dem gleichen Gewichtsteil Honig 20 Minuten kochen. Alle 1 bis 2 Stunden 1 Teelöffel bis 1 Eßlöffel Sirup einnehmen. Nach Abklingen der Beschwerden 3mal täglich 1 Teelöffel Sirup weiternehmen.

Man kann den Sirup, gut verschlossen, längere Zeit aufbewahren; wegen seines Gehalts an antibiotischen Wirkstoffen schimmelt er nicht.

Erleichtert das morgendliche Abhusten

Huflattich, von dem die Blüten und Blätter verwendet werden, ist ein gutes Hustenmittel bei allen chronischen Bronchialerkrankungen, vor allem jenen, bei denen das morgendliche Abhusten schwierig ist. Huflattich wirkt schleimlösend.

Tee-Zubereitung und Anwendung: 1 bis 2 Teelöffel Droge mit 1/4 Liter kochendem Wasser übergießen, 5 bis 10 Minuten ziehen lassen, abseihen und mit 1 Teelöffel Honig süßen.

Um das morgendliche Abhusten zu erleichtern, empfiehlt es sich, schon vor dem Frühstück 1 Tasse heißen Tee zu trinken. Dazu wird er in eine Thermosflasche gefüllt und ans Bett gestellt. Zusätzlich sollte man auch abends, vor dem Schlafengehen, 1 Tasse Tee trinken.

Schleimlösend, reizmildernd

Die Flechten – **Isländisch Moos, Bartflechte** und **Lungenflechte,** die bei der Behandlung von Erkältungskrankheiten mit Erfolg verwendet werden, sind in der Volksmedizin schon seit langem als hervorragende Mittel bei Bronchitis bekannt. Sie wirken schleimlösend und reizmildernd. Außerdem hemmen sie, einer klinischen Studie zufolge, das Bakterienwachstum, besitzen also antibakterielle Eigen-

Pflanzliche »Antibiotika«

schaft; Flechten sind somit pflanzliche »Antibiotika«. Sie haben außerdem eine gute pilztötende Wirkung. Bauern in Tirol und Kärnten haben früher im Winter dem Vieh alpine Gesteinsflechten ins Futter gegeben, um bei den Tieren die Widerstandsfähigkeit gegen Krankheiten zu stärken.

In Kinderheimen waren früher bestimmte Zubereitungsformen der Bartflechte als resistenzsteigernde Mittel gegen Grippe und Erkältungskrankheiten sehr gebräuchlich, wurden jedoch durch die chemischen Antibiotika verdrängt. Die Bartflechte wirkt besonders gut bei chronischer Bronchitis (auch älterer Menschen) mit immer wieder aufflackernden akuten Reizerscheinungen.

Wirksam bei chronischer Bronchitis

Tee-Zubereitung und Anwendung: 1 Teelöffel der Droge mit ¼ Liter kochendem Wasser überbrühen, 10 bis 15 Minuten ziehen lassen, abseihen. Morgens nüchtern und auch abends je 1 Tasse Tee trinken. Die Teekur muß monatelang durchgeführt werden.

Flechten sind auch in mehreren Medikamenten enthalten, beispielsweise in den Isla-Moos Pastillen (Firma Engelhard) und im *Flechtenhonig* (Firma Weleda).

Schleimlösende und auswurffördernde Hustenmittel

Die seifenartigen Inhaltsstoffe –

Die **Königskerze,** auch Wollblume genannt, ist ein ausgezeichnetes Hustenmittel. Die Heilpflanze enthält viel Schleim, Saponine und seifenartige Substanzen, die schleimlösend und auswurffördernd wirken. Deshalb ist ein Wollblumen-Tee besonders gut geeignet zur Behandlung einer Bronchitis, bei der sich der Schleim nicht richtig löst.

Tee-Zubereitung und Anwendung: 1 Teelöffel Blüten mit ¼ Liter kochendem Wasser übergießen, 10 Minuten ziehen lassen, abseihen. 2- bis 3mal täglich 1 Tasse warmen Tee trinken. Die Königskerze ist in vielen Brusttee-Mischungen als Wirkstoff enthalten.

– lösen selbst hartnäckigen Schleim

Die **Schlüsselblume,** auch Primel oder Himmelsschlüsselchen genannt, hat eine sehr gute auswurffördernde Wirkung bei chronischer Bronchitis, die mit länger anhaltendem

Husten und ungenügendem Auswurf verbunden ist. (Die Schlüsselblume steht unter Naturschutz!)

Heiltees kurmäßig anwenden!

Tee-Zubereitung und Anwendung: 1 Teelöffel Wurzel mit 1/4 Liter kaltem Wasser übergießen, zum Kochen bringen, 5 Minuten ziehen lassen, abseihen. Über einen längeren Zeitraum täglich 2 bis 3 Tassen Tee schluckweise trinken.

Das **wohlriechende Veilchen** gilt auch als Hustenmittel, es wirkt ähnlich wie die Schlüsselblume, jedoch deutlich schwächer. Wegen seiner leuchtenden Farbe wird es häufig Hustenteemischungen als Schmuckdroge beigegeben.

Krampflösende Hustenmittel

Bei Keuchhusten und Reizhusten

Der **Thymian** als eines der wirksamsten Hustenmittel mit krampfstillenden und auswurffördernden Wirkstoffen, steht hier an erster Stelle. Vom Altmeister der Phytotherapie, Dr. Fritz Rudolf Weiß, stammt der Satz: »Was die Pfefferminze für Magen und Darm, das ist der Thymian für Luftröhre und Bronchien.« Der Keuchhusten, der krampfartige Husten des Asthmatikers, der trockene Reizhusten – das sind die Hauptindikationen für Thymian. Dieser Heilpflanze nah verwandt sind der Quendel (Feldthymian) und der Dost; die Wirkung dieser beiden Pflanzen reicht aber an die des Thymian nicht heran. Vom Thymian wird das Kraut verwendet, das vor allem ein sehr wirksames ätherisches Öl enthält.
Tee-Zubereitung und Anwendung: 1 Teelöffel Kraut mit 1/4 Liter kochendheißem Wasser übergießen, 10 Minuten ziehen lassen, abseihen. Über einen längeren Zeitraum täglich 3- bis 6mal 1 Tasse Tee trinken.
Wird dem Thymian **Sonnentau** zugesetzt, hat er eine stärkere Wirkung.

Die Mischung wirkt stärker

Zubereitung und Anwendung der Teemischung: 1/2 Teelöffel Thymiankraut und 1/2 Teelöfel Sonnentau mit 1/4 Liter kochendheißem Wasser übergießen, 10 Minuten ziehen lassen, abseihen. Längere Zeit täglich 3- bis 6mal 1 Tasse Tee trinken.
Eine andere Darreichungsform ist der *Thymian-Sirup,* der vor allem von kleinen Kindern sehr gern eingenommen wird. (Sie bekommen den Thymian-Sirup in der Apotheke.) Der

Sirup muß hochdosiert und häufig eingenommen werden, gegebenenfalls mehrere Tage stündlich 1 Teelöffel.

Krampflösend, husten-vermindernd

Der **Sonnentau,** der krampflösende und hustenvermindernde Eigenschaften besitzt, eignet sich besonders gut zur Behandlung von spastischer Bronchitis, Keuchhusten und Asthma. Sonnentau ist Bestandteil sehr vieler krampflösender Hustensäfte; Zusatz kleiner Mengen von Sonnentau zu Thymian-Tee fördert dessen Wirkung (→ Seite 81).

Bei chronischen Atemwegs-erkrankungen

Der **echte Alant** fördert den Auswurf und wirkt krampflösend. Er eignet sich besonders gut zur Behandlung von chronischem Husten, chronischer Bronchitis, Altersbronchitis, Asthma und Keuchhusten.
Tee-Zubereitung und Anwendung: 1 bis 2 Teelöffel Wurzel mit 1/4 Liter kochendem Wasser übergießen, 5 Minuten kochen lassen, abseihen, mit etwas Honig süßen. Längere Zeit täglich 1- bis 6mal 1 Tasse warmen Tee schluckweise trinken.

Bei Keuch-husten

Der **flache Mannstreu** hat eine beruhigende und krampfmindernde Wirkung und eignet sich besonders gut zur Behandlung des Keuchhustens bei Kindern.
Tee-Zubereitung und Anwendung: 1 Teelöffel Kraut mit 1/4 Liter kochendem Wasser übergießen, 15 Minuten ziehen lassen, abseihen. 2- bis 3mal täglich 1 Tasse, solange der Keuchhusten besteht.

Efeu wirkt entkrampfend, schleimlösend, beruhigend und ist deshalb gut geeignet zur Behandlung von Krampfhusten, vor allem von Keuchhusten. Efeu wird nicht als Tee verwendet, sondern ist enthalten in den Mitteln Monapax (Firma Müller-Rorer) und Prospan (Firma Engelhard).

Wirkt beruhigend

Anis ist ein mildes, beruhigend wirkendes Hustenmittel, das den Auswurf fördert.
Tee-Zubereitung und Anwendung: 1 Teelöffel Früchte mit 1/4 Liter kochendem Wasser übergießen, 10 Minuten stehenlassen, abseihen. Beliebig lange 3- bis 4mal täglich 1 Tasse Tee trinken.

Beruhigt nicht nur die Atemwege

Fenchel wirkt – ähnlich wie Anis – mild auswurffördernd, krampfstillend und beruhigend.
Tee-Zubereitung und Anwendung: 1 Teelöffel Früchte mit ¼ Liter kochendem Wasser übergießen, 10 Minuten ziehen lassen, abseihen. 3- bis 6mal täglich 1 Tasse warmen Tee trinken.
Bei Kindern ist der **Fenchel-Sirup** besonders beliebt; zubereitet wird er wie Eibisch-Sirup (→ Seite 77) – statt der zerschnittenen Eibischwurzel werden zerquetschte Fenchelfrüchte zugesetzt.

Wirkt desinfizierend, lindernd

Eukalyptus wirkt bei Reizhusten desinfizierend, hustenmildernd, krampf- und schleimlösend. Sein ätherisches Öl ist Bestandteil vieler Fertigpräparate, vor allem vieler Einreibemittel. Empfehlen möchte ich einen *Eukalyptus-Balsam,* dessen Zutaten Sie in jeder Apotheke kaufen können.

Eukalyptus-Balsam	Thymusöl	22,0
	Rosmarinöl	2,0
	Eukalyptusöl	2,0
	Kampferöl	46,0

Eine Mischung dieser Öle ergibt einen Balsam, der sich gut einreiben läßt. Wenn diese Einreibung von fester Beschaffenheit sein soll, nimmt man Kampfersalbe statt Kampferöl; wenn der Balsam flüssiger sein soll, setzt man Kampferspiritus statt Kampferöl zu.

Teemischungen gegen Husten

Husten als Begleiterscheinung der verschiedenen Atemwegserkrankungen läßt sich je nach Ursache und Form seines Auftretens auch mit einer jeweils darauf abgestimmten Teemischung lindern.

Bei akutem trockenem, schmerzhaftem Reizhusten, bei akuter Bronchitis, bei Hals- und Luftröhrenentzündungen:

Teemischung 11	Königskerzenblüten	25,0
	Huflattichblätter	25,0
	Eibischwurzel	25,0
	Anisfrüchte	25,0

Zubereitung und Anwendung der Teemischung: 2 Teelöffel der Mischung mit 1/4 Liter kochendem Wasser überbrühen, 20 Minuten ziehen lassen, abseihen. 3- bis 6mal täglich 1 Tasse heißen Tee, mit Honig gesüßt, schluckweise trinken, solange die Beschwerden bestehen.

Gegen Reizhusten nach Rachen- und Kehlkopfentzündungen:

Teemischung 12	Huflattichblätter	20,0
	Alantwurzel	10,0
	Spitzwegerichkraut	10,0

Bei Reizhusten

Zubereitung und Anwendung der Teemischung: 1 Teelöffel Mischung mit 1/4 Liter kaltem Wasser übergießen, langsam zum Sieden erhitzen, abseihen, mit 1 Teelöffel Honig süßen. 3- bis 6mal täglich 1 Tasse Tee schluckweise trinken.

Bei akuter Bronchitis mit zäher Schleimbildung zum besseren Abhusten:

Teemischung 13	Schlüsselblumenwurzel	5,0
	Thymiankraut	15,0
	Spitzwegerichkraut	20,0

Zum besseren Abhusten

Zubereitung und Anwendung der Teemischung: 1 bis 2 Teelöffel der Mischung mit 1/4 Liter kochendem Wasser überbrühen, 20 Minuten ziehen lassen, abseihen und mit Honig süßen. 1 bis 2 Wochen täglich 2- bis 4mal 1 Tasse Tee schluckweise trinken.

Bei akutem Husten mit schlechtem Allgemeinbefinden und Fieber:

Teemischung 14	Hagebuttenfrüchte	10,0
	Schachtelhalmkraut	10,0
	Huflattichblätter	10,0
	Lindenblüten	10,0
	Spitzwegerichblätter	10,0
	Fenchelfrüchte, zerstoßen	5,0
	Holunderblüten	5,0
	Thymiankraut	5,0

Bei Husten und Fieber

Zubereitung und Anwendung der Teemischung: 2 Teelöffel der Mischung mit 1/4 Liter kochendem Wasser überbrühen, 15 Minuten ziehen lassen, abseihen, mit Honig süßen. 2 bis 3 Tassen Tee täglich trinken.

Der »Bunte Brusttee«, ein hübsch aussehender und wohlschmeckender Tee; er ist vor allem bei Kindern beliebt:

Der »Bunte Brusttee«

Teemischung 15	Zitronenschale	40,0
	Huflattichblüten	20,0
	Lavendelblüten	50,0
	Katzenpfötchen	50,0
	Lindenblüten	120,0
	Anisfrüchte	50,0
	Fenchelfrüchte, zerstoßen	50,0
	Eibischwurzel	50,0
	Alantwurzel	100,0
	Süßholzwurzel	50,0
	Pimpinellwurzel	50,0

Bei chronischer Bronchitis

Zubereitung und Anwendung der Teemischung: 2 Teelöffel der Mischung mit 1/4 Liter kochendem Wasser überbrühen, 10 Minuten ziehen lassen, abseihen und mit Honig süßen. Längere Zeit täglich 3- bis 4mal 1 Tasse warmen Tee schluckweise trinken.

Bei Husten der chronischen Bronchitis:

Teemischung 16	Schlüsselblumenwurzel	30,0
	Anisfrüchte	10,0
	Huflattichblätter	10,0
	Fenchelfrüchte, zerstoßen	10,0

Zubereitung und Anwendung der Teemischung: 2 Teelöffel der Mischung mit 1/4 Liter kochendem Wasser überbrühen, 10 Minuten ziehen lassen, abseihen und mit Honig süßen. Wochenlang täglich 3mal 1 Tasse warmen Tee trinken.

Bei chronischer Bronchitis mit zähem Schleim, vor allem morgens:

Teemischung 17	Huflattichblätter	20,0
	Spitzwegerichblätter	10,0

Erleichtert das Abhusten

Zubereitung und Anwendung der Teemischung: 2 Teelöffel der Mischung mit ¼ Liter kochendem Wasser überbrühen, 10 Minuten ziehen lassen, abseihen und mit Honig süßen. Längere Zeit morgens ½ Stunde vor dem Aufstehen 1 Tasse warmen Tee trinken.

Bei chronischer Bronchitis mit schlechtem Allgemeinzustand:

Teemischung 18	Alantwurzel	25,0
	Isländisch Moos	25,0
	Huflattichblätter	25,0
	Königskerzenblüten	25,0

Zubereitung und Anwendung der Teemischung: 1 bis 2 Teelöffel Mischung mit ¼ Liter kochendem Wasser überbrühen, 15 Minuten kochen lassen, abseihen und mit Honig süßen. Längere Zeit täglich 3mal 1 Tasse warmen Tee trinken.

Bei Krampfhusten (Keuchhusten, spastische Bronchitis, Asthma):

Teemischung 19	Thymiankraut	25,0
	Sonnentaukraut	25,0
	Mannstreukraut	25,0
	Anisfrüchte	25,0

Bei Krampfhusten

Zubereitung und Anwendung der Teemischung: 1 Teelöffel Mischung mit ¼ Liter kochendem Wasser überbrühen, 20 Minuten ziehen lassen, abseihen und mit Honig süßen. Mehrere Tage oder Wochen täglich 2- bis 3mal 1 Tasse warmen Tee trinken.

Zur Schleimlösung und Linderung des Reizhustens bei Kindern:

Teemischung 20	Malvenblüten	25,0
	Schlüsselblumenwurzel	25,0

Bei Reizhusten

Zubereitung und Anwendung der Teemischung: 2 Teelöffel der Mischung mit ¼ Liter kochendem Wasser überbrühen. 10 Minuten ziehen lassen, abseihen und mit Honig süßen. Mehrere Tage täglich 2- bis 3mal 1 Tasse warmen Tee trinken.

Homöopathie und Homöopathika

Heilmittel aus der Natur

In der Homöopathie*, einer durch den Arzt Samuel Hahnemann (1755 bis 1843) begründeten Heilmethode, werden vor allem mineralische, pflanzliche und tierische Wirkstoffe verwendet. Durch besondere Prozesse *potenziert,* wird ihre Wirksamkeit gegen bestimmte Krankheiten gesteigert. Fundament der Homöopathie ist die Ähnlichkeitsregel »*similia similibus curentur* = Ähnliches möge mit Ähnlichem geheilt werden«. Damit ist folgendes gemeint: Zur Heilung einer Krankheit wird jedes Mittel – in potenzierter Form – eingesetzt, das in entsprechend hoher Konzentration bei einem gesunden Menschen die Symptome auslösen würde, die es bei der Krankheit zu behandeln gilt. Mit Hilfe homöopathischer Mittel versucht der Arzt, die Krankheit durch eine spezifische, aber milde Reizbehandlung »von innen heraus« zu heilen. Homöopathika sind also niemals nur Mittel gegen ein Symptom, sondern Hilfen zur Aktivierung der körpereigenen Abwehrkräfte.

Ähnlichkeitsregel

Potenzierung

Üblicherweise wird die Potenzierung eines Mittels nach dem Dezimalsystem vorgenommen: Ein Teil der Ausgangssubstanz wird mit neun Teilen der Lösungsflüssigkeit beziehungsweise Lösungssubstanz verschüttelt oder verrieben – auf diese Weise erhält man die Potenzierung D1 (D = Dezimal). 1 Teil D1 mit neun Teilen der Lösungsflüssigkeit oder Lösungssubstanz verschüttelt oder verrieben ergibt die Potenzierung D2. Nach diesem System werden die erforderlichen Potenzstufen hergestellt. Das dynamisierende Behandeln einer Ausgangssubstanz bringt neue Wirkungen oder Eigenschaften zum Vorschein; bei dem Vorgang der Dynamisierung wird die Ausgangssubstanz nicht verdünnt (mit dem Ergebnis einer geringeren Wirksamkeit), sondern in ihrer Wirksamkeit gesteigert.

---

*Aus dem Griechischen: *homoios* = ähnlich, *pathos* = das Leiden, die Krankheit.

Entgiftung des Körpers durch Heilfasten

Es ist ein weitverbreiteter Irrtum, daß der Kranke besonders reichhaltig Essen brauche – hier wird nährwert- und vitaminreiche mit kalorienreicher Nahrung verwechselt. Ein fiebernder Patient hat keinen Hunger und läßt ohnehin das meiste stehen. Zwingt man ihn zum Essen, wie es häufig mit Kindern geschieht, wird das Essen meist gleich wieder erbrochen. Appetitlosigkeit ist eine sinnvolle Maßnahme: Der kranke Organismus braucht viel Energie zur Überwindung der Krankheit und spart sinnvollerweise die Energie ein, die Nahrungsaufnahme und Verdauung erfordern. Die Konsequenz heißt Fasten – durch die Entlastung des Stoffwechsels trägt Fasten wesentlich zur Entgiftung des Körpers und zur Aktivierung der Selbstheilungskräfte bei. Es unterstützt in hervorragender Weise die Wirkung anderer naturgemäßer Anwendungen und Heilmittel und verhilft dadurch zu einer rascheren Heilung.

Raschere Heilung durch Fasten

Der Kranke muß jedoch viel trinken, um die vermehrte Flüssigkeitsabgabe, bedingt durch Schwitzen und Einläufe, auszugleichen: heiße Getränke nur dann, wenn der Patient friert oder durch sie eine bestimmte Wirkung erzielt werden soll, sonst kühle oder kalte Getränke. Alle Getränke sollten aber unbedingt vitaminreich sein: schwarzer Johannesbeersaft, Orangen- und Zitronensaft, Hagebuttentee. Auch Getränke, die das Schwitzen fördern, wie Lindenblütentee und Holundertee, außerdem Teemischungen (→ Seite 72–86) sind gut geeignet. Selbstverständlich können Sie auch Mineralwasser trinken oder frisches Brunnenwasser, soweit es vorhanden ist. Ungeeignet sind alle zuckerhaltigen Getränke wie Coca-Cola oder Limonade; ungeeignet sind auch Kaffee und alle alkoholischen Getränke (Alkohol unterdrückt die Abwehrkräfte – auch der vielgeliebte Erkältungstrunk, der »steife Grog«, ist keine Medizin!).

Viel trinken!

Sobald sich der Kranke wohler fühlt, bekommt er wieder mehr Appetit. Beginnen Sie den Kostaufbau nach den Fastentagen vorsichtig mit leichter Vollwertkost (→ Seite 63); mehrmals täglich kleinere Mahlzeiten, das erleichtert die Umstellung vom Fasten auf das Wieder-Essen: Zwieback,

Nach dem Fasten leichte Kost

Knäckebrot, Haferschleim, frisch geschrotetes, selbstgemachtes Müsli, Vollkornbrot, Magerquark mit viel frischen Kräutern, geriebene Äpfel, Orangen- oder Obstsalat, Gemüsebrühen, Kartoffelbrei, gedünstetes Gemüse sind erlaubt. Verboten sind Weißmehlprodukte (Semmel, Weißbrot, Kuchen), alle mit Zucker zubereiteten Süßspeisen (generell sollten Sie anstelle von Zucker Honig verwenden) und während der ersten Woche auch Fleisch.

Aufbaukost

Atemübungen zur Aktivierung der Abwehr

Wenn Sie sich einmal genau beobachten, werden Sie wahrscheinlich feststellen, daß Sie sogar bei einer so alltäglichen Tätigkeit wie dem Atmen Fehler machen. Luft holen müssen wir, der Körper zwingt uns dazu. Aber wie wir atmen – tief oder oberflächlich, regelmäßig oder unregelmäßig, hastig oder ruhig, durch die Nase oder den Mund –, das »schreibt uns der Körper nicht vor«.

Richtig atmen lernen

Richtiges Atmen aber ist lebenswichtig, bei einer Krankheit kann es den Heilungsprozeß fördern. Nasenatmung zum Beispiel ist wichtig, um Schädigungen der Atemwegsschleimhaut zu vermeiden. In der Nase wird die Atemluft angewärmt, angefeuchtet und gefiltert, damit möglichst wenig Fremdstoffe – Staub, Umweltgifte, Gase – in die tieferen Atemwege gelangen, die Schleimhaut und damit der Schleim nicht austrocknet und die Luft in diesem Bereich nicht zu kühl ankommt. Flüssiger Nasenschleim kann Viren aus dem Körper abtransportieren; zäher Nasenschleim ist dazu kaum oder überhaupt nicht mehr in der Lage – Viren können also besser an die Schleimhautzellen gelangen. Außerdem vermehren sie sich bei niedrigen Temperaturen besser als bei höheren oder normalen Temperaturen (→ Seite 107).

Atmen Sie deshalb möglichst immer durch die Nase! Beobachten Sie auch einmal, ob Ihr Kind richtig atmet – für die dauernde Mundatmung können »Polypen« oder eine Engstellung des Nasen-Rachen-Raums verantwortlich sein

(→ Seite 108); Folgeschaden ist zum Beispiel eine Gebißfehlstellung im Oberkiefer.

Darauf sollten Sie achten

Eine Behinderung der Nasenatmung ist zu erkennen an auffällig engen Naseneingängen und der manchmal etwas aufgeschwollenen wulstigen Oberlippe; Kinder haben meist einen etwas »stumpfen« Gesichtsausdruck, ihr Mund ist in der Regel leicht geöffnet. Wenn Ihnen solche Veränderungen auffallen, sollten Sie mit Ihrem Kind zum Arzt gehen.

Wenn Ihre Nase verstopft ist, können Sie kurzfristig abschwellende Nasentropfen nehmen, damit die Nase wieder frei wird; besser allerdings ist es, Spülungen (→ Seite 62) durchzuführen. Beim Schneuzen sollten Sie nicht mit zu starkem Druck pressen; durch den Überdruck in der Nasenhöhle können Krankheitserreger in die Nasennebenhöhlen und das Mittelohr gelangen. Schneuzen Sie jeweils nur durch ein Nasenloch – halten Sie das andere dabei zu. Auch Niesen und Husten reinigen die Atemwege und sollten keinesfalls unterdrückt werden!

Die Ausatmung ist besonders wichtig

Versuchen Sie so oft wie möglich, ruhig und gleichmäßig tief ein- und auszuatmen, wobei die Ausatmung besonders wichtig ist! Atmen Sie mehrmals am Tage – an frischer Luft – bewußt tief aus, dadurch werden viele Krankheitserreger und Schadstoffe aus den tiefen Atemwegen hinausbefördert. Es gibt viele Bücher über richtiges Atmen, auch mit Anleitungen für Atemübungen. Bitte übernehmen Sie diese Anleitungen jedoch nicht kritiklos; Sie können sich unter Umstanden eine falsche, sogar schädliche Atemtechnik angewöhnen. Wenn Sie die richtige Atmung erlernen wollen, sollten Sie dies entweder unter Anleitung eines geübten Atemtherapeuten tun oder mit Hilfe des auf Seite 120 (Bücher, die weiterhelfen) angegebenen Ratgebers.

Es gibt eine gute Atemübung, die bei Neigung zu kalten Füßen sehr wirksam ist (wie leicht eine Erkältung durch kalte Füße ausgelöst werden kann → Seite 43).

Atemübung

So wird's gemacht: Setzen Sie sich auf einen Stuhl, ziehen Sie Schuhe und Strümpfe aus und strecken Sie kräftig Beine und Füße von sich weg. Spreizen Sie die Zehen auseinander – immer ein bißchen mehr. Atmen Sie dabei langsam und tief aus.

Halten Sie die maximale Streckung von Beinen, Füßen und Zehen etwa 8 Sekunden lang, anschließend atmen Sie 8 Sekunden lang tief ein, während Sie die Füße langsam wieder senken. Schütteln Sie anschließend Füße und Beine kurz aus, um einen Krampf zu verhindern.
Es gibt noch viele einfache Atemübungen, die – regelmäßig durchgeführt – Ihre Atmung verbessern und Ihre Widerstandskraft gegen Infekte auf Dauer stärken.

Naturheilverfahren, die der Arzt durchführt

Mikrobiologische Therapie (Symbioselenkung)

Das harmonische Zusammenleben von Mensch und Bakterien (Symbiose) ist für die Gesundheit des Menschen von außerordentlicher Bedeutung (→ Seite 95). Jede Verschiebung dieses harmonischen Gleichgewichts bedeutet eine Schwächung der Abwehrkräfte! Die Symbioselenkung (mikrobiologische Therapie) bringt das gestörte Gefüge durch eine konsquente Einnahme von sogenannten physiologischen Schutzbakterien wieder ins Gleichgewicht. Diese Therapie stärkt also die körpereigene Abwehr; sie wirkt deutlich allergiemindernd und ist somit eine wirkungsvolle Waffe gegen akute wie chronische Infekte und die Infektanfälligkeit, vor allem bei Kindern. Bei allen chronischen Erkrankungen erfordert die mikrobiologische Therapie, die nur von einem darin erfahrenen Arzt durchgeführt werden sollte, vom Patienten Geduld und aktive Mitarbeit; sie führt aber zumeist zu überraschenden Erfolgen!

Körpereigene Bakterien

Neuraltherapie

Die Neuraltherapie nach Huneke ist eine der wirksamsten Behandlungsmethoden bei allen Formen der Erkältungskrankheit – vom einfachen Schnupfen bis zur chronischen Bronchitis. Durch die Neuraltherapie werden die Selbstheilungskräfte des Körpers wirkungsvoll unterstützt. Mit Hilfe dieser Therapie kann oft ein schlagartiges Verschwinden von Beschwerden und Krankheitszuständen erreicht werden.

Sekundenphänomen

Behandlung mit Spritzen

Die Neuraltherapie ist eine Injektionsbehandlung (Behandlung mit Spritzen). Das Mittel – *Procain* – setzt, vom Injektionsort ausgehend, eine Heilwirkung in Gang. Je nach Reaktionsfähigkeit des Körpers setzt diese Wirkung sofort ein (Sekundenphänomen) oder nach Tagen, vielleicht auch erst nach Wochen. Sie muß jedoch von darin ausgebildeten und erfahrenen Ärzten durchgeführt werden.

Akupunktur

Diese Therapie hat mit den Vorgängen im Bindegewebe zu tun; Metallnadeln werden an bestimmten Punkten oberflächlich in die Haut eingestochen – über eine Wiederherstellung des Gleichgewichts aller energetischen Kräfte im Körper werden die Abwehrkräfte gestärkt.

Stärkt die Abwehrkräfte

Gerade bei Erkältungskrankheiten ist die Akupunktur besonders wirksam, sollte jedoch nur von einem darin ausgebildeten und erfahrenen Arzt durchgeführt werden.

Ozon-Sauerstoff-Therapie

Fördert den Stoffwechsel

Ozon – eine aktive Form des Sauerstoffs – tötet in bestimmter Konzentration Viren und Bakterien ab, fördert gleichzeitig auch den Stoffwechsel in den Organen. Neueste Untersuchungen haben gezeigt, daß kleinste Mengen von Ozon-Sauerstoff ganz signifikant bestimmte, sehr wichtige körpereigene Abwehrstoffe steigern (Interferon, Interleukin). Damit können Viruserkrankungen viel rascher überwunden werden.

Eigenblutbehandlung

Der Arzt entnimmt dem Patienten eine kleine Menge Venenblut, vermengt es durch Schütteln mit einem Gemisch aus Ozon und reinem Sauerstoff und spritzt das so präparierte Eigenblut dem Patienten anschließend wieder in den Gesäßmuskel oder eine Vene. Ein bis zwei solcher Behandlungen können genügen, um zum Beispiel eine fieberhafte Erkältungskrankheit zum Abklingen zu bringen und um das Abwehrsystem des Patienten nachhaltig zu stärken.

Wichtig: Ozon darf nicht eingeatmet werden; auf die empfindlichen Schleimhäute der Atemwege wirkt es giftig (Ozonsmog!). Bei Umgehung der Atemwege aber ist es praktisch ungiftig.

Eigenblut-Behandlung

Reiztherapie

Die Eigenblut-Behandlung ist eine Reiztherapie, die das Abwehrsystem aktiviert. Es wird dem Patienten aus der Vene Blut entnommen und ihm in den Gesäßmuskel zurückgespritzt. Dadurch entsteht ein künstlicher Bluterguß, mit dem sich der Körper auseinandersetzen muß, was gleichzeitig Abwehrtraining bedeutet.

Eigenblut-Therapie ist besonders wirksam bei chronischen Infekten, zum Beispiel bei lang anhaltendem Reizhusten, immer wieder auftretendem Schnupfen, wiederholten Grippeinfekten, auch bei der verschleppten Grippe. Durch diese Reiztherapie sind die Abwehrkräfte schon nach einigen Behandlungen sichtbar und spürbar gestärkt.

Behandlung mit Schröpfköpfen

Die Schröpfkopfbehandlung ist ebenfalls eine uralte Heilmethode. Kleine Glasgefäße mit Unterdruck werden auf bestimmte Hautbereiche aufgesetzt. Hierbei wird ähnlich wie bei der Eigenblut-Behandlung ein künstlicher Bluterguß erzeugt, der das Abwehrsystem aktiviert.

Behandlung mit Canthariden-Pflaster

Rasche Heilwirkung

Ein Pflaster mit dem Reizstoff der spanischen Fliege Cantharis wird auf eine kleine Hautfläche aufgeklebt. Nach kurzer Zeit entsteht eine Art Brandblase, eine entzündliche Reaktion, die das Abwehrsystem aktiviert.

Das Canthariden-Pflaster hat eine ebenso gute wie rasche Heilwirkung bei eitriger Mandelentzündung und eitriger Mittelohrentzündung.

Elektrotherapie

Rotlichtbestrahlungen, Ultraviolettbestrahlungen und Mikrowelle werden heute häufig zur Behandlung von Veränderungen der Atemwege eingesetzt. Sie können den Heilvorgang in sinnvoller Weise unterstützen.

Nicht zu lange bestrahlen

Warnen jedoch möchte ich vor dem unkritischen Gebrauch (zu lang, zu intensiv) des Ultraviolettlichtes; durch unsachgemäße Anwendung kann es zu Hautschäden kommen. Sie sollten deshalb vor einer Bestrahlungsbehandlung, die Sie eventuell auf eigene Faust durchführen wollen, immer mit Ihrem Arzt sprechen.

Lymphdrainage

Massage

Die Lymphdrainage ist eine spezielle Massage, die den Abfluß von Lymphflüssigkeit aus dem Gewebe anregt. Das Lymphsystem hat für das Bindegewebe (→ Seite 97) eine wichtige Säuberungsfunktion; die dort abgelagerten Bakterien, Viren und Schadstoffe werden zum großen Teil über die Lymphbahnen abtransportiert.
Die Lymphdrainage kann nur durch eine erfahrene Fachkraft durchgeführt werden; eine unsachgemäße Anwendung dieser sehr wirksamen Therapie kann dazu führen, daß sich die Krankheitserreger erst recht im ganzen Körper ausbreiten.

Selbstheilungskräfte unseres Körpers

»Der Arzt behandelt – die Natur heilt«, so lautet ein seit der Antike gültiger Leitsatz der Naturmedizin. Auf dieser Erkenntnis beruhen Naturheilverfahren und damit auch die in diesem Buch beschriebenen naturgemäßen Anwendungen. »Natur« steht für die Selbstheilungskräfte des menschlichen Organismus – sind sie voll funktionsfähig, können wir mit jeder Erkältungskrankheit fertig werden; sind sie geschwächt, werden wir anfällig für Infekte. Bei Menschen mit einer solchen Infektanfälligkeit muß es deshalb das Ziel jeder ärztlichen Behandlung sein, das körpereigene Abwehrsystem (auch Immunsystem genannt*), zu stärken, es wieder voll funktionsfähig zu machen.

Das körpereigene Abwehrsystem

Wunderwerk des Körpers

Wie dieses Abwehrsystem unseres Körpers aufgebaut ist, wie die einzelnen Abwehrmaßnahmen ineinandergreifen, erfahren Sie auf den folgenden Seiten. Ich empfehle Ihnen, auch diesen Abschnitt des Buches aufmerksam zu lesen, denn nur, wenn Sie verstanden haben, wie dieses Wunderwerk unseres Körpers funktioniert, werden Sie ermessen können, warum gerade naturgemäße Behandlungsmethoden bei Erkältungskrankheiten sinnvoll und warum sie so wirksam sind.

Bakterien – schaden oder nützen sie uns?

Auf unserer Haut und unserer Schleimhaut in Nase, Mundhöhle, Rachen, Dünn- und Dickdarm, im Genitalberich und den Augenbindehäuten siedeln Billionen bis Trillionen von Kleinstlebewesen wie Bakterien, Viren, Pilze, deren Zahl die unserer Körperzellen um ein Vielfaches übersteigt.
Während man früher annahm, die Mikroorganismen unserer Umwelt, vor allem die Bakterien, seien unsere Feinde oder sogar lebensbedrohend für uns, weiß man heute, daß neunundneunzig Prozent von den unter normalen Bedingungen

---

* immun, aus dem lateinischen *immunis* = frei, unberührt, rein; für Krankheiten unempfänglich, gegen Ansteckung gefeit.

Lebenswichtige Kleinstlebewesen

in unserem Darm siedelnden Mikroorganismen für uns lebensnotwendig sind; weniger als ein Prozent von ihnen sind Krankheitserreger. Wir ernähren die für uns lebenswichtigen Kleinstlebewesen und geben ihnen Raum zum Leben; dafür helfen sie uns beim Aufbau und Umbau wichtiger Nährstoffe und Vitamine, die unser Organismus allein nicht bilden kann. Außerdem bekämpfen und vernichten sie die in unseren Körper fortwährend eindringenden Bakterien, Viren und Pilze, die uns krank machen können.

Mit dem Augenblick seiner Geburt wird das bis dahin im Mutterleib nahezu vollständig vor Mikroorganismen geschützte Neugeborene durch eine Invasion von Kleinstlebewesen heimgesucht. *Damit beginnt die lebenslange Auseinandersetzung, gleichzeitig die Lebensgemeinschaft (Symbiose) des Menschen mit den Mikroorganismen seiner Umwelt.* Man nennt diesen Vorgang Infektion (abgeleitet vom lateinischen *inficio* = ich tue etwas hinein).

Infektion muß nicht Krankheit bedeuten

Infektion besagt also zunächst nur, daß ein Organismus mit Kleinstlebewesen besiedelt wird, was keineswegs zwangsläufig »Krankheit« bedeuten muß. Warum ist Infektion nicht gleichbedeutend mit der Infektionskrankheit?

Die Einwanderung von Mikroorganismen aus der Umwelt und deren Wachstum im Organismus gehen nicht unkontrolliert vor sich, sondern werden gesteuert vom Abwehrsystem (Immunsystem) unseres Körpers. Überall dort, wo unser Organismus die Kleinstlebewesen nicht brauchen kann, setzt er ihnen natürliche Schranken.

Gesteuert vom Abwehrsystem

Unser Abwehrsystem ist in der Lage, fortwährend zwischen lebenswichtigen und krankmachenden Mikroorganismen zu unterscheiden; es verhindert, daß die als krankmachend erkannten sich in unserem Körper ausbreiten und Schaden anrichten. Es ist also ohne Unterbrechung in jedem Augenblick unseres Lebens tätig.

Abwehrmaßnahmen der Schleimhaut

Welche Elemente in unserem Körper sind es, aus denen sich das Abwehrsystem zusammensetzt, welche Aktionen und Reaktionen unseres Organismus sind Abwehrmaßnahmen?

Reinigung durch Schleim und Flimmerhärchen

Erste und wichtigste Barriere gegen eindringende Viren und Bakterien ist die Schleimhaut in den Atemwegen: Unermüdlich bilden Schleimhautzellen einen Schleim, der Viren und Bakterien (auch eingeatmete Staubteilchen und kleine Fremdkörper) bindet und sie sogar teilweise abtötet. Andere Schleimhautzellen besitzen einen spezifischen Abwehrmechanismus (Flimmerhärchen → Seite 107), mit dessen Hilfe der Schleim aus dem Körper transportiert wird – und mit ihm Viren, Bakterien und alle anderen für uns schädlichen Fremdstoffe.

> Solange die Abwehrmaßnahmen der Schleimhaut reibungslos funktionieren, können uns weder Viren noch Bakterien ernsthaft gefährden. Eine gesunde Atemwegsschleimhaut also ist der sicherste Schutz gegen Erkältungskrankheiten mit all ihren Komplikationen.

Abwehrmaßnahmen im Bindegewebe

Was passiert, wenn die Schleimhaut geschädigt ist und ihre Aufgabe im körpereigenen Abwehrsystem nicht mehr erfüllen kann? In diesem Fall ist der Körper den Krankheitserregern nicht schutzlos ausgeliefert, denn jetzt setzt das Bindegewebe seine vielfältigen Abwehrmaßnahmen ein. Nun beginnt der Vorgang, den wir in unterschiedlich ausgeprägtem Maße als Krankheit empfinden.

Wichtige Funktionen

Das Bindegewebe – zu Recht als »vergessenes Organ« bezeichnet, weil seine wichtige Funktion bei der Abwehr lange Zeit nicht erkannt wurde – umschließt und durchdringt alle Organe unseres Körpers oder verbindet sie miteinander. Alle Zellen in unserem Körper, alle Organe und Organsysteme – die Schleimhaut eingeschlossen – stehen mit dem Bindegewebe in Kontakt. Auch das Vegetative Nervensystem, das alle Wachstums- und Stoffwechselvorgänge überwacht und steuert, ist eingebettet in Bindegewebe. Jeder Nährstoff, der vom Blutgefäßsystem in eine Zelle gelangt, jedes Stoffwechselprodukt, das die Zelle verläßt, passiert das Bindegewebe.

Abwehr von Viren*

Viren vermehren sich nur mit Hife von Wirtszellen, zum Beispiel Schleimhautzellen. Funktionieren die Abwehrmaßnahmen der Schleimhaut an irgendeiner Stelle nicht mehr, können Viren in eine Schleimhautzelle eindringen. Sobald dies geschehen ist, bildet die angegriffene Schleimhautzelle sofort Interferon, einen Stoff, der in den benachbarten Zellen die Virusvermehrung hemmt (diese Wirkung tritt innerhalb von 12 bis 48 Stunden ein). Wenn nur wenige Viren in die Schleimhaut gelangen, genügt diese Abwehrmaßnahme, um die Vermehrung der Viren zu verhindern.

Freßzellen zerstören Viren

Dringen dagegen zahlreiche Viren in die Schleimhaut ein, gehen also viele Schleimhautzellen zugrunde, verlagert sich der Abwehrkampf ins Bindegewebe. Die zerstörten Schleimhautzellen aktivieren die Freßzellen (*Phagozyten*), die alle absterbenden Schleimhautzellen mitsamt den in sie eingedrungenen Viren zerstören. Freßzellen stammen sowohl aus dem Bindegewebe als auch (als weiße Butkörperchen) aus dem Blutgefäßsystem.

Zerstörung von Bakterien**

Die durch eingedrungene Viren geschädigte Atemwegsschleimhaut kann Bakterien auch nicht mehr abwehren – sie können (als Zweitinfektion) ins Bindegewebe eindringen.

---

* *virus* = lateinisch: Schleim, Saft, Gift. Viren sind winzige organische Strukturen, die sich nicht selbständig vermehren können, sondern nur auf lebendem Gewebe, mit Hilfe von Wirtszellen, gedeihen; Erreger verschiedenster Infektionskrankheiten. Übertragbar durch Absonderungen aus den Atemwegen und dem Verdauungstrakt (Berührung, Tröpfchen) und durch Nahrungsmittel, Staub und Tiere.

** Bakterie, *bakterium* = griechisch: Stab, Stock. Bakterien sind einzellige Kleinstlebewesen, die sich durch einfache Teilung vermehren (innerhalb eines Tages zu mehreren tausend Milliarden). Es gibt unzählige Bakterienarten, darunter auch Krankheitserreger, die durch Berührung oder Tröpfchen, durch Nahrungsmittel, Staub und Tiere übertragen werden.

Freßzellen zerstören Bakterien

Nach ihrem Eindringen werden die Bakterien von Freßzellen (Phagozyten) zerstört. Nach getaner Arbeit gehen die Freßzellen zugrunde und werden schließlich als Eiter vom Körper ausgeschieden.

Bei geschädigter Schleimhaut findet die Auseinandersetzung zwischen Krankheitserregern und körpereigener Abwehr also im Bindegewebe statt. Bei Überlastung sind seine Funktionen beeinträchtigt. Das bedeutet: Die körpereigene Abwehr ist geschwächt.

Das heilsame Fieber

Der Körper hat jedoch noch eine weitere schlagkräftige Waffe zur Verfügung: Je mehr Viren oder Bakterien in den Organismus eindringen, desto mehr Freßzellen werden in Schleimhaut und Bindegewebe aktiv, um die Eindringlinge zu zerstören. Durch die Tätigkeit der Freßzellen werden Reizstoffe freigesetzt, die innerhalb kürzester Zeit (15 bis 20 Minuten) auf das Temperaturzentrum im Gehirn einwirken: Der Temperaturwert wird von der normalen Körpertemperatur (Istwert – 36 bis 37 °C) auf eine Fieber-Temperatur (Sollwert – 39 bis 40 °C oder höher) umgestellt. Die Vermehrung von Viren und einigen Bakterienarten wird durch die erhöhte Körpertemperatur (Fieber) stark gehemmt; bei einer Fieber-Temperatur von 39 °C können Viren kaum noch überleben, bei über 40 °C gehen sie vollständig zugrunde.

Fieber ist eine Abwehrmaßnahme

Wir müssen uns von der falschen Vorstellung trennen, daß Fieber schädlich oder sogar eine Krankheit sei. Fieber ist vielmehr eine Abwehrmaßnahme des Organismus, ein geordnetes, den ganzen Menschen umfassendes Geschehen. (Reaktionen des Körpers bei Fieber, → Seite 114).

Gedächtniszellen und Gegengifte

Der Körper ist in der Lage, einen zusätzlichen Schutz vor Viruserkrankungen aufzubauen: Er bildet *Antikörper (Gegen-*

gifte) gegen bestimmte Virus-Typen aus. Das geschieht folgendermaßen:
Ein in den Körper eingedrungenes Virus wird von Lymphozyten, den Erkennungs- und Gedächtniszellen unter den weißen Blutkörperchen, als Krankheitserreger registriert.

Schutz durch Antikörper

Gegen den registrierten Virus-Typ bilden die Lymphozyten Antikörper, die häufig lebenslang im Organismus wirksam bleiben. Sie werden immer dann aktiv, wenn ein Virus des registrierten Typs ein weiteres Mal in den Körper eindringt. Immunologen* schätzen die Zahl der Antikörper im Organismus auf über eine Million!

So entwickelt sich das Abwehrsystem

Erste Antikörper mit der Muttermilch

Das körpereigene Abwehrsystem des Säuglings ist zunächst noch nicht voll funktionsfähig; das Kind bekommt jedoch mit der Muttermilch für die erste Zeit seines Lebens so viele mütterliche Antikörper mit, daß es gegen Infektionskrankheiten zunächst geschützt ist – so lange, bis sein Organismus ein funktionsfähiges Abwehrsystem aufgebaut hat. Deshalb ist das Stillen so sehr wichtig!
Wie funktioniert dieser Aufbau? Man geht davon aus, daß bestimmte in unserem Darm siedelnde Bakterien (Koli-Bakterien) durch die Darmschleimhaut stetig ins Bindegewebe eindringen – jenes »Organ«, das fast überall in unserem Körper vorhanden ist und eine sehr wichtige Funktion im Abwehrsystem hat.

Training des Abwehrsystems

Im Bindegewebe des Darms werden die eingedrungenen Bakterien von den Freßzellen aufgespürt und zerstört, bevor sie im Körper Schaden anrichten können. Da ständig neue Kleinstlebewesen in den Organismus eindringen, sind die Freßzellen ständig in Alarmbereitschaft. Nur durch diese dauernde Auseinandersetzung mit den Kleinstlebewesen der Umwelt wird das Abwehrsystem des Kindes aufgebaut und funktionstüchtig gehalten.

---

*Immunologen sind Wissenschaftler auf dem Gebiet der Immunologie, der Lehre und Wissenschaft von der angeborenen oder durch Krankheit oder Impfung erworbenen Unempfänglichkeit (Immunität) des Organismus für Krankheitserreger oder deren Giftstoffe.

Wir brauchen die Mikroorganismen unserer Umwelt ein Leben lang; sie sind es, die unser Abwehrsystem ständig fordern – auf diese Weise ist es zu jeder Zeit funktionstüchtig.

Was unsere Selbstheilungskräfte schwächt

Der ganze Mensch ist gesund oder krank

Naturgemäß heilen bedeutet, daß der ganze Mensch behandelt wird – sein Körper, seine Seele und sein Geist. Diese Betrachtungsweise mag Ihnen ungewohnt sein; ich möchte versuchen, Ihnen die Zusammenhänge aufzuzeigen, damit Sie bewußter handeln können. Ihr Mittun im Krankheitsfall ist wichtig! Nur wenn Sie aktiv werden, aktivieren sich Ihre körpereigenen Abwehrkräfte!

Falsche Ernährung und Alkoholmißbrauch

Obwohl wir es durch die vielen aufklärenden Publikationen besser wissen müßten, obwohl wir uns aufgrund unseres hohen Lebensstandards die wertvollsten Lebensmittel leisten könnten, ernähren wir uns falsch: Wir essen zu viel, zu hastig, das Falsche und zur verkehrten Zeit.

Verfeinert = denaturiert

Unser Essen enthält zuviel »verfeinerte«, deshalb für den Organismus relativ wertlose Nahrungsbestandteile wie tierische Fette, Zucker und Weißmehl; zuwenig Ballaststoffe, die Voraussetzung für eine geregelte Darmtätigkeit sind, und zuwenig Vitamine und Mineralstoffe, die unser Organismus zum Aufbau lebenswichtiger Substanzen und damit zur Energiegewinnung braucht.

Die Folgen falscher Ernährung: Das harmonische Gefüge der »Darmflora« verändert sich, krankheitserregende Bakterien nehmen überhand, die für uns lebensnotwendigen Bakterien gehen zugrunde – ein kranker Darm aber schwächt das Abwehrsystem. Nur eine gesunde Darmflora garantiert, daß unser Abwehrsystem funktionstüchtig bleibt (→ Seite 95).

Vollwertkost hält gesund

Vollwertige Ernährung also ist für die Erhaltung der Funktionen unseres Abwehrsystems sehr wichtig. Wenn Sie sich falsch ernähren, kann ich Ihnen nur raten: Stellen Sie Ihre Ernährung um, ändern Sie Ihre Eßgewohnheiten! (Vollwertige Ernährung, Ernährungsumstellung → Seite 63). Auch übermäßiger Genuß von Alkohol führt auf Dauer zur Schwächung unserer Abwehrkräfte.

Nikotin und Umweltgifte

Nikotin und Umweltgifte wirken über die Schleimhaut der Atemwege auf unseren Organismus und damit auf das Abwehrsystem. Es gnügt, alle drei Stunden eine Zigarette zu rauchen, um den Reinigungsmechanismus in der Atemwegsschleimhaut (Flimmerhärchen → Seite 107) den ganzen Tag über zu lähmen.

Wer am Tag sechs bis sieben Zigaretten raucht, und dies über Wochen, Monate oder gar Jahre, schädigt den Reinigungsmechanismus auf Dauer: Die Flimmerhärchen gehen am Gift zugrunde. Um die fehlende Funktion der Flimmerhärchen auszugleichen, produziert die Bronchialschleimhaut mehr Schleim, der – besetzt mit den eingeatmeten Giftstoffen – laufend durch Hustenstöße aus den Atemwegen hinausbefördert werden muß. Das ist das Krankheitsbild der »Raucherbronchitis«.

Das Rauchen aufgeben

Nikotin schädigt den Reinigungsmechanismus der Atemwege einerseits durch direkte Einwirkung, andererseits indirekt, denn es ist ein *Gefäßgift,* das über eine Durchblutungsminderung den Sauerstoffgehalt des Gewebes senkt. Sauerstoff aber brauchen die Flimmerhärchen der Schleimhaut – nur so können sie ihre wichtige Tätigkeit ausüben. Rauchen ist so, als würde man einer Pflanze gleichzeitig Wasser und Sauerstoff entziehen – sie vertrocknet und erstickt zugleich.

Trockene Luft, Kunstklima

Wir leben in der Regel in überheizten Räumen oder in Räumen mit Klimaanlage, in einem Kunstklima also mit ständig gleichbleibenden Temperaturen. Das bedeutet, daß zwei Faktoren unsere Schleimhaut und unser Gefäßsystem schädigen: zu trockene Luft in zu warmen Räumen.

Für Luftfeuchtigkeit sorgen

Der Nasenschleim besteht zu 97 Prozent aus Wasser; um ihrer Funktion, dem Anfeuchten der Atemluft, gerecht werden zu können, braucht die Nasenschleimhaut Atemluft mit einer relativen Luftfeuchtigkeit von 30 bis 50 Prozent. In überheizten Räumen oder Räumen mit Klimaanlage liegen die Werte jedoch bei 20 Prozent und darunter; die Folge davon: Der Nasenschleim trocknet ein, er wird zäh. Und da wir zudem größere Mengen von staub- und gasförmigen Reizstoffen einatmen, wie sie in unserer Umwelt ständig vorhanden sind, verändert sich schließlich die Zusammensetzung des Nasenschleims – er kann seiner Schutzfunktion nicht mehr gerecht werden.

Einfache Hilfen

Das Aufstellen von offenen Wasserbehältern in Räumen, in denen wir uns tagsüber viel aufhalten, häufiges Lüften, Schlafen bei geöffneten Fenstern, regelmäßige Atemübungen an frischer Luft (→ Seite 89), häufige Spaziergänge abseits von vielbefahrenen Straßen – diese wirklich einfachen Maßnahmen können Schädigungen mildern oder sogar ausgleichen.

Fehlende Temperatur-Reize und Bewegungsmangel

Temperatur-Reizen sind wir noch selten ausgesetzt, und wir bewegen uns zuwenig – auch das schwächt unser Abwehrsystem. *Unsere Gefäße müssen ständig trainiert werden, um leistungsfähig zu bleiben.*

Das Gefäßsystem trainieren

In der Haut befinden sich unzählig viele kleine und kleinste Blutgefäße; sind sie weitgestellt und somit gut durchblutet, wird überflüssige Körperwärme (entstanden durch körperliche Arbeit oder Stoffwechselvorgänge) nach außen abgegeben, sind die Gefäße enggestellt, wird die Abgabe von Wärme nach außen auf ein Minimum reduziert (beispielsweise bei niedrigen Außentemperaturen). Der Körper kann also bei jeder Temperatur eine gleichbleibende Wärme (etwa 37 bis 38 °C) halten – was notwendig ist für das reibungslose Funktionieren aller Organe und Organsysteme.

Das Gefäßsystem muß ständig trainiert werden, nur so kann es sich wechselnden Lebensbedingungen anpassen. Wenn der Körper es aber verlernt hat, auf plötzliche Temperaturänderungen schnell zu reagieren, dann kann man sich eine Erkältungskrankheit allein dadurch zuziehen, daß man im Winter ein paarmal vom geheizten Raum ins Freie wechselt oder im Sommer eine Weile im Durchzug sitzt.
Auch durch Bewegungsmangel und unzureichende Abhärtung erschlaffen unsere Gefäße, der Kreislauf wird »lahm«.

Bewegung hält den Kreislauf in Schwung

Bewegung aktiviert den Blutkreislauf, ein durch körperliche Bewegung in Schwung gebrachter Kreislauf transportiert mit dem Blut auch genügend Sauerstoff an die Schleimhaut und in alle Organe und Organsysteme unseres Körpers. Abhärtungsmaßnahmen haben dieselbe Wirkung – auch sie aktivieren den Kreislauf. Zu Recht ist in diesem Zusammenhang von den heilsamen Reizen des Wassers die Rede (→ Seite 41).

Gleichen Sie also Bewegungsmangel aus durch Fahrradfahren oder längere Spaziergänge. Und härten Sie sich ab; schon einfache Maßnahmen wie Wechselduschen, Trockenbürsten oder Frühgymnastik vor dem offenen Fenster, regelmäßig angewendet, stärken auf die Dauer Ihre Widerstandskraft.

Tablettenmißbrauch

Ein weiterer Faktor, der das Abwehrsystem auf Dauer schwächen kann, ist der gerade in unserer Zeit alarmierend angewachsene Tablettenkonsum. Abführmittel, Beruhigungs- und Schlafmittel, Anregungs- oder Aufputschmittel – so unkritisch eingenommen, wie es heute geschieht, schädigen diese Medikamente bei weitem mehr, als sie nützen.
Die gesunde, weil naturgemäße Alternative zu Abführmitteln ist eine ballaststoffreiche, vollwertige Ernährung (→ Seite 63), mit der jede Stuhlträgheit auf Dauer zu beheben ist. Schlaf- oder Beruhigungsmittel brauchen Sie in der Regel auch nicht, wenn Sie sich einen Ausgleich schaffen zu Be-

wegungsmangel und Überforderung im Alltag, wenn Sie beispielsweise abends regelmäßig spazierengehen, sich so oft wie möglich an der frischen Luft bewegen – im Garten arbeiten, Fahrrad fahren, zum Schwimmen gehen – Sie werden sich in dem wiederentdeckten natürlichen Aktiv-/Ruhe-Rhythmus rundum wohlfühlen.

Tabletten nur nach ärztlicher Vorschrift

Nehmen Sie vor allem Schlaf- und Beruhigungsmittel nur nach ärztlicher Verordnung; Schlafmittel bringen Ihren gesunden Schlafrhythmus durcheinander, Beruhigungsmittel ziehen in der Regel Anregungs- und Aufputschmittel nach sich, die zudem süchtig machen können. Das alles schwächt Ihre Abwehrkräfte, da sich Rückstände aller eingenommenen Medikamente im Bindegewebe ablagern – das, dadurch zur »Müllhalde« geworden, in seinen wichtigen Funktionen empfindlich gestört wird.

Seelische Überforderung

Und noch etwas sollten Sie in diesem Zusammenhang bedenken: Wir alle müssen zuweilen schwere Zeiten durchstehen – die Kinder bereiten uns Sorgen, im Beruf werden wir sehr beansprucht, Abzahlungsraten für alle möglichen Dinge, die wir als lebensnotwendig ansehen, belasten nicht nur unser Monatsbudget, sondern lasten mehr oder weniger schwer auf der Seele. Wir fühlen uns überfordert, wir ermüden bei allem, was wir tun.

Haben Sie schon einmal darüber nachgedacht, wie unser Herz die schier unglaubliche Leistung vollbringt, über viele Jahrzehnte seine lebensnotwendige Aufgabe zu verrichten, ohne auch nur eine Sekunde lang auszusetzen? Das Geheimnis, das hinter dieser Leistung steckt: In stetem Rhythmus zieht sich das Herz mit all seinen Muskelfasern kraftvoll zusammen, danach erschlafft es vollkommen. Beides – Anspannung und Entspannung – geschieht vollständig; einem Höchstmaß an konzentrierter Arbeit folgt stets ein Höchstmaß an Erholung. Bei einer außergewöhnlichen körperlichen Belastung kann das Herz seine Leistung um das Drei- bis

Anspannung und Entspannung in stetem Wechsel

Fünffache steigern; es schlägt schneller, wirft bedarfsgerecht eine größere Blutmenge aus – der einzelne Herzschlag jedoch verliert dabei nicht an Kraft.

Ich habe Ihnen dies erzählt, weil wir von unserem Herzen etwas Lebenswichtiges lernen können: *Gefordert zu werden – sei es körperlich, geistig oder seelisch – bedeutet nicht zwangsläufig, überfordert zu sein.* Wie sein Herz braucht der ganze Mensch eine stetige Belastung, um »bei Kräften« zu bleiben. Sportler und Musiker beispielsweise müssen ständig trainieren, um jederzeit im Rahmen ihrer Möglichkeiten zur Leistung fähig zu sein.

Training ist lebenswichtig

Jeder Anspannung aber muß notwendigerweise die Entspannung folgen. Nach des Tages Arbeit brauchen wir den Feierabend und die Erholung während der Nacht. Alles zur rechten Zeit und in stetem Wechsel – darin liegt das Geheimnis von Ausdauer und Belastbarkeit.

Gefährlich für uns ist die Über-Forderung; sie verlangt den Einsatz unserer Kraftreserven und geht somit »an die Substanz«. Wir sollten lernen, unsere Kräfte ökonomisch einzusetzen, sie also gut einzuteilen. Das bedeutet auch, daß wir das Arbeitstempo nur dann beschleunigen, wenn es dringend erforderlich ist, und nur so lange wie unbedingt notwendig. Durch jede seelisch-geistige Ausnahmesituation, deren Bewältigung Energien beansprucht, können auch die körpereigenen Abwehrkräfte geschwächt werden. Sie bekommen schneller und häufiger als sonst eine Erkältung, Sie haben plötzlich Magen- oder Kopfschmerzen, fühlen sich müde, wie zerschlagen, Ihnen fehlt der gewohnte Schwung.

Die »Signale« des Körpers beachten

Achten Sie auf die »Signale« Ihres Körpers! Erinnern Sie sich daran, wie unser Herz mit schwierigen Situationen fertig wird und ziehen Sie für sich das Fazit daraus: Innere Ruhe und Gelassenheit durch einen ausgewogenen Wechsel von Anspannung und Entspannung! Mit innerer Ruhe und Gelassenheit können Sie jede Arbeit konzentrierter und damit schneller und besser verrichten als in hektischer Betriebsamkeit.

Wie es zu Erkältungskrankheiten kommt

Über unsere Atemwege dringen Krankheitserreger in unseren Körper ein; die Atemwegsschleimhaut ist Auffangstation für Viren und Bakterien. Ist sie geschwächt oder gar geschädigt, kann sich aus einem Schnupfen, einer kleinen Verkühlung ein schwerer Atemwegsinfekt entwickeln. Es ist deshalb wichtig, daß Sie genau wissen, welche Verbindungen zwischen Nase, Kiefer- und Stirnhöhlen, Ohren und Rachen, Bronchien und Lungen bestehen und welche Aufgaben Schleimhaut und Mandeln im Abwehrsystem unseres Körpers haben.

Unsere Atemwege – Bau und Abwehrfunktionen

Ein perfektes Verbundsystem

Die Nasennebenhöhlen sind mit den beiden Nasenhaupthöhlen verbunden; auch von den beiden Mittelohren führen Verbindungen – die Ohrtrompeten – zu den Nasenhaupthöhlen. Die beiden Nasenhaupthöhlen gehen in ihrem hinteren Teil über in den Nasen-Rachen-Raum und den Schlund, an den sich Speiseröhre, Luftröhre und schließlich die Bronchien anschließen.

Die Atemwegsschleimhaut – erste Station der Abwehr

Reinigungsmechanismus

Die *Schleimhaut,* die alle Atemwege auskleidet, besteht aus schleimbildenden Zellen und solchen mit mikroskopisch kleinen *Flimmerhärchen.* Der *Schleim,* der wie ein Film über der Schleimhaut liegt und alle eingedrungenen Mikroorganismen und Schmutzteilchen von ihr fernhält, wird von den Flimmerhärchen mit schnellen Bewegungen (acht bis zwölf in der Sekunde) aus dem Körper transportiert. Diese *Reinigungstätigkeit* funktioniert reibungslos, solange die Schleimhaut gut durchblutet ist (also genügend Sauerstoff hat) und die Temperatur in den Atemwegen zwischen 31 °C und 34 °C liegt. Eingeatmete Gifte wie Nikotin, Staubteilchen und Gase (→ Seite 102) sowie zu niedrige oder zu hohe Temperaturen beeinträchtigen die Reinigungstätigkeit der Flimmerhärchen – bei Temperaturen unter 18 °C und über 42 °C stellen sie ihre Tätigkeit ein.

Die wichtigen Aufgaben der Nase

Anwärmen, Befeuchten, Reinigen –

Die Atemluft für das Höhlensystem unserer Atemwege wird in der Nase angewärmt, befeuchtet und vorgereinigt. Wenn die Schleim- und Flimmerzellen richtig arbeiten, dann bleibt die Temperatur im Naseninneren bemerkenswert konstant bei 31 °C bis 34 °C – unabhängig von der Außentemperatur. Die Atemluft passiert den Nasenraum und wird dort von der Schleimhaut auf 80 bis 85 Prozent angefeuchtet; das bedeutet, daß die Nase die Hälfte der Luftfeuchtigkeit »liefert«, die unsere Atemluft haben muß. Außerdem werden die meisten der eingeatmeten Fremdkörperteilchen vom Nasenschleim ausgefiltert.

– unserer Atemluft

Die drei Etagen der Nasennebenhöhlen

Kieferhöhlen, Keilbeinhöhlen, Stirnhöhlen

Zu den Nasennebenhöhlen gehören die beiden Kieferhöhlen (unten), 6 bis 10 miteinander verbundene Siebbeinzellen auf jeder Seite und die beiden Keilbeinhöhlen (in der Mitte), außerdem die beiden Stirnhöhlen (oben). Sie alle sind mit den Nasenhaupthöhlen verbunden. Papierdünne Knochenschichten trennen sie von den Augenhöhlen, dem Oberkiefer (Kieferhöhlen) und dem Gehirn (Siebbeinzellen, Keilbeinhöhlen, Stirnhöhlen); ausgekleidet sind sie mit Schleimhaut.

Die meisten Nasennebenhöhlen bilden sich erst im Kindesalter vollständig aus: Von den Nasenhaupthöhlen wachsen Schleimhautausstülpungen in die benachbarten Knochen ein, wobei die kompakten Knochenschichten auseinanderweichen. Bei Neugeborenen sind die Kieferhöhlen ungefähr erbsengroß, nach dem Zahnwechsel, etwa im 12. Lebensjahr, bekommen sie allmählich ihre endgültige Form. Während die Siebbeinzellen bereits beim Neugeborenen vorhanden sind, entwickeln sich die Keilbeinhöhlen erst vom 6. Lebensjahr an. Die Stirnhöhlen beginnen sich nach der Geburt zu entwickeln und sind zwischen dem 10. und 20. Lebensjahr voll ausgebildet.

Über die Funktion der Nasennebenhöhlen weiß man noch nichts Endgültiges; man vermutet, daß sie hauptsächlich an der Erwärmung der Luft beteiligt sind und mit der Schallübertragung beim Sprechen zu tun haben.

Die Mandeln – Vorposten der Abwehr

Im Bindegewebe des gesamten Rachenbereichs liegen Lymphgefäße und Lymphknoten, deren Hauptaufgabe es ist, die durch die Schleimhaut eingedrungenen Mikroorganismen abzufangen. Den etwa 200 Lymphknötchen (normalerweise nicht größer als ein Grieskorn) sind große, der Schleimhaut aufsitzende Lymphdrüsen vorgeschaltet: die Mandeln (Tonsillen).

Abwehrstation »Mandeln«

Diese wichtigen Vorposten der körpereigenen Abwehr sind ringförmig im Rachen angeordnet (deshalb auch als »lymphatischer Rachenring« bezeichnet). Hier findet die erste Auseinandersetzung zwischen den Abwehrkräften und eingedrungenen Mikroorganismen statt: Unser Abwehrsystem »erkennt«, welche Krankheitserreger eingedrungen und welche Gegenmaßnahmen in Gang zu setzen sind. Dazu sondern die Mandeln normalerweise täglich etwa 200 Millionen Abwehrzellen (Lymphozyten mit Erkennungs- und Gedächtniszellen) in die Mundhöhle, den Verdauungskanal und den Blut- und Lymphkreislauf ab; bei Kindern, deren Abwehrsystem sich noch entwickelt, sind es weit mehr. Diese Erkennungs- und Gedächtniszellen bilden die Gegengifte (Antikörper) gegen bestimmte Virus-Typen. Unsere wichtigsten Mandeln sind die beiden *Gaumenmandeln,* haselnußgroße Gebilde zu beiden Seiten am Rande des Gaumens.

Der gesamte Nasen-Rachen-Raum ist abgesichert

Die *Rachenmandel* und ihre beiden neben ihr liegenden Ausläufer, die *Tubenmandeln* (fälschlicherweise als *Nasenpolypen* bezeichnet, wenn sie vergrößert sind), liegen an der Hinterwand des Nasen-Rachen-Raums unmittelbar neben den Öffnungen der beiden Ohrtrompeten (der Verbindungen zwischen Mittelohren und Nasen-Rachen-Raum).

Auch am Zungengrund, dort wo die Zunge in der Tiefe des Schlundes »verschwindet«, gibt es eine Mandel: die *Zungengrundmandel.* Schließlich besitzen auch die Rachenwände des Nasen- und Mundrachens Mandeln, die *Seitenstränge* genannt werden.

Kinder erkranken häufiger an akuten Infekten als Erwachsene; jedem Eindringen von Krankheitserregern begegnet der kindliche Organismus mit verstärkter Abwehr – alle Mandeln schwellen an. Die Vergrößerung der Rachenmandel und der

Tubenmandeln kann dann zum Beispiel den Atemweg durch die Nasenhöhle verlegen, was zur Mundatmung zwingt.

Was durch Mundatmung entstehen kann

Lang anhaltende Entzündungen der Nase und ihrer Nebenhöhlen, des Mittelohres, der Luftröhre und der Bronchien sowie Auswirkungen auf die körperliche und geistige Entwicklung, Schlafstörungen, Müdigkeit, Schulschwierigkeiten können die Folge sein. Auch eine gestörte Nahrungsaufnahme, lautes, schniefendes Atmen und Schnarchen sind typisch bei einer Vergrößerung. Sogar der Laie erkennt das »Rachenmandelgesicht«: Die Kinder haben meist einen stumpfen Gesichtsausdruck, ihr Mund ist ständig geöffnet, die oberen Schneidezähne können hervorstehen, die Sprache ist kloßig.

Von der Entzündung bleiben schließlich auch die Lymphdrüsen des Halses nicht verschont – sie sind häufig tastbar vergrößert. Der Arzt spricht jetzt vom »lymphatischen Kind«.

Die vergrößerten Halslymphdrüsen beim Kind sind in der Regel Ausdruck erhöhter Abwehrleistungen des Körpers. In jedem Fall – sowohl bei Erwachsenen als auch bei Kindern – muß die Ursache einer über Wochen oder sogar Monate bestehenden Vergrößerung der Halslymphdrüsen vom Arzt geklärt werden.

Gehörgang, Mittelohr und Innenohr

Das Mittelohr, der luftgefüllte, schallübertragende Teil des Ohres, liegt zwischen dem äußeren Gehörgang und dem Innenohr, in dem sich Gehör- und Gleichgewichtsorgane befinden. Durch eine dünne Membran, das Trommelfell, ist das Mittelohr vom äußeren Gehörgang, durch das ovale Fenster vom Innenohr getrennt.

So funktioniert das Ohr

Durch Geräusche (Schallwellen) wird das Trommelfell in Schwingungen versetzt; die ihm anliegenden, untereinander beweglichen Gehörknöchelchen (Hammer, Amboß, Steigbügel) übertragen diese Schwingungen quer durch die Paukenhöhle auf das ovale Fenster im Innenohr, das die Schwingungen auf das Hörorgan überträgt.

Die Paukenhöhle des Mittelohrs ist ausgekleidet mit *Schleimhaut* (die normalerweise nicht mit Mikroorganismen besiedelt ist), sie steht durch die Ohrtrompete, auch Tube oder *Eustachische Röhre* genannt, mit dem Nasen-Rachen-Raum in Verbindung. Die Ohrtrompeten öffnen sich nur beim Schlucken und Gähnen. Das Mittelohr wird über die Ohrtrompete belüftet, sie sorgt für einen ständigen Luftdruckausgleich zwischen Mittelohr und Nasen-Rachen-Raum und damit für den Druckausgleich zwischen Mittelohr- und Außenluft.

So wird das Mittelohr belüftet

Ist die Ohrtrompete durch die vergrößerten Rachen- und Tubenmandeln verlegt, kann die notwendige Belüftung nicht mehr stattfinden – das Ohr »klappt zu«, plötzlich tritt Schwerhörigkeit auf. Außerdem kann es zur Entzündung der Schleimhaut im Mittelohr kommen, zur Mittelohrentzündung: Es bildet sich vermehrt Schleim, der nicht mehr abfließen kann – ein Schleimstau ist der ideale Nährboden für Krankheitserreger.

Kehlkopf und Stimme

Zwischen Rachen und Luftröhre

Der Kehlkopf ist das stimmbildende Organ, die dosenförmige Verbindung zwischen Rachen und Luftröhre. In seinem Innern liegen die Stimmbänder – zwei waagerecht über der Luftröhre ausgespannte Muskelbänder –, in ihrer Mitte die Stimmritze. Durch die von der Lunge kraftvoll ausgestoßene Luft werden die Stimmbänder in Schwingung versetzt; auf diese Weise wird ein Ton erzeugt.

Bei Krupphusten schwillt die Schleimhaut direkt unterhalb der Stimmbänder an; so kann es bei Kleinkindern im Zusammenhang mit einer Erkältungskrankheit zu einer bedrohlichen Atemnot kommen.

Luftröhre und Bronchien

Die Luftröhre liegt vor der Speiseröhre und in ihrem oberen Teil hinter der Schilddrüse. Sie teilt sich im Brustraum in 2 Hauptbronchien, die sich wiederum 16mal in jeweils 2 Äste aufteilen. Der Durchmesser der Bronchien (lichte Weite) nimmt von etwa 1,5 cm in der Luftröhre bis 0,5 mm in den kleinsten Bronchien ab. Alle Bronchien sind ausgekleidet von *Schleimhaut.* Luftröhre und Bronchien leiten die durch die Nase angefeuchtete, erwärmte und vorgereinigte Atem-

Sauerstoff für den Organismus

luft zu den Lungenbläschen, in denen der Gasaustausch stattfindet (eingeatmeter Sauerstoff im Blut, auszuatmendes Kohlendioxid aus dem Stoffwechsel, das mit dem Blut herantransportiert wird).
Bei Nasenatmung beträgt die Temperatur der Atemluft in der Luftröhre 36 °C bei Außentemperaturen von über 0 °C; sie beträgt 27 °C bei Außentemperaturen von –15 °C. Bei Mundatmung sind die Temperaturen deutlich niedriger, die Gefahr einer rascheren Vermehrung der Viren ist also gegeben.
Bei entzündlichen Reaktionen (Abwehrreaktionen) in der Bronchialschleimhaut wird vermehrt Schleim gebildet – die Flimmerhärchen müssen mehr arbeiten als sonst. Ist dieser Reinigungsmechanismus gestört, staut sich der Schleim in den engen Bronchien – die akute Bronchitis ist entstanden. Kommt eine Zweitinfektion mit Bakterien hinzu, kann sich aus akuten Infekten das schwere Krankheitsbild der chronischen Bronchitis entwickeln.

So entsteht die akute Bronchitis

Wie aus einem Schnupfen eine Lungenentzündung werden kann

Unsere Atemwege kann man als ein eng miteinander verbundenes *Höhlensystem* bezeichnen, ausgekleidet von einer einheitlichen *Schleimhaut,* die durch *Schleim* geschützt wird.
Ist die Schleimhaut entzündet, schwillt sie an – Schleimhautschwellungen können die engen Verbindungen zwischen den Höhlen verlegen – in einer auf diese Weise von der Belüftung abgeschnittenen Höhle staut sich der Schleim – gestauter Schleim ist ein idealer Nährboden für Krankheitserreger. So kann sich aus einem kleinen Schnupfen eine schwere Atemwegskrankheit entwickeln.

Jeder Infekt muß ausgeheilt werden!

Jetzt werden Sie verstehen, wie wichtig es ist, jeden akuten Infekt, selbst den kleinsten, auszuheilen mit Hilfe von Naturheilmitteln, die alle Abwehrmechanismen unserer Schleimhaut stärken und somit die Selbstheilungskräfte unseres Organismus aktivieren.

So entsteht eine Erkältungskrankheit

Alljährlich mindestens zweimal – im Herbst und im Frühjahr – »rollt die Grippewelle« durchs Land. Den einen erwischt sie früher, den anderen später – die Nase läuft, man niest und hustet; jeder hofft, die Grippe möge ihn verschonen.

»Ich habe mich erkältet« – diesen Satz hört man immer wieder. Trifft es zu, daß eine Erkältungskrankheit durch Kälte, durch Kaltsein ausgelöst wird?

Durch Kälte und Nässe

In der Tat kommt kalten oder unterkühlten, feuchten oder nassen Füßen eine besondere Bedeutung zu bei der Entstehung der Erkältungskrankheit. Nasse Füße lösen einen Reiz aus, durch den über das vegetative Nervensystem die Durchblutung der Atemwegsschleimhaut vermindert wird. Die Schleimhaut aber muß gut durchblutet sein, mit dem Blut muß ihr ausreichend Sauerstoff zugeführt werden – nur so kann sie ihre schützende Tätigkeit ausüben. Bei Sauerstoffmangel ist sie dazu nicht in der Lage.

Wenn die Durchblutung vermindert ist, sinkt auch die Temperatur in der Atemwegsschleimhaut. Das wiederum führt dazu, daß sich in diesem Bereich die Viren besser vermehren können (um so mehr, je tiefer ihre Umgebungstemperatur ist). Zwei Vorgänge sind es also, die das Entstehen einer Erkältungskrankheit bei Unterkühlung des Körpers begünstigen:

- Die schlechte Durchblutung führt zu einem Sauerstoffmangel, wodurch die Abwehr- und Reinigungsmechanismen der Atemwegsschleimhaut beeinträchtigt sind.
- Die durch eine schlechte Durchblutung abgesunkene Temperatur der Atemwegsschleimhaut begünstigt die Vermehrung der Viren.

> Hauptsächlich Viren, aber auch Bakterien können eine Erkältungskrankheit auslösen – zur Krankheit kommt es, wenn das Abwehrsystem in seinen Funktionen geschwächt ist.

Erstinfektion – Zweitinfektion

Infektion durch Viren und durch Bakterien

Wichtigste Eintrittspforte für Grippeviren ist die Nasenschleimhaut (Erstinfektion, Primärinfektion). Versagt ihre Abwehr, können auch eiterbildende Bakterien die Schleimhaut befallen, zerstören und ins Bindegewebe eindringen (Zweitinfektion, Sekundärinfektion).

Alle ins Bindegewebe eingedrungenen Krankheitserreger aktivieren unser Abwehrsystem: Die Freßzellen (*Phagozyten*) – beginnen mit ihrer Tätigkeit (→ Seite 98).

Durch diese Abwehrmaßnahmen im Bindegewebe schwillt die Schleimhaut in der Umgebung der Erreger-Eintrittspforte an; die Nase beispielsweise verstopft. Nach etwa ein bis zwei Tagen sondert die Schleimhaut ein wäßriges Sekret ab, das wir alle als Schnupfen oder leichte Verschleimung in den Bronchien (Rasseln beim Atmen, Hustenreiz) kennen. Durch Husten, Schnupfen oder Niesen versucht der Körper, sich vom Schleim zu befreien.

Je mehr Krankheitserreger in die Schleimhaut der Atemwege eindringen und je schneller sie sich vermehren, desto heftiger ist die Reaktion des Körpers.

Wenn der Schnupfen und der Schleim, den wir aushusten, gelbgrün, also eitrig werden, hat eine Zweitinfektion der Bakterien stattgefunden. Mittlerweile sind so viele fiebererzeugende Reizstoffe freigesetzt (→ Seite 99), daß innerhalb kurzer Zeit Fieber auftreten kann.

Reaktionen des Körpers bei Fieber

Während des Umschaltens der Körpertemperatur kommt es für kurze Zeit zu einem Mißverhältnis zwischen der (vom Abwehrsystem geforderten) Fieber-Temperatur (Sollwert) und der tatsächlichen Körpertemperatur (Istwert). Die Folge davon: Der Kranke empfindet die Umgebungs-Temperatur als zu kalt, er beginnt zu frieren.

Frieren

Um die Körpertemperatur auf den Sollwert zu bringen, gibt das vegetative Nervensystem zwei Befehle aus:

- Verschluß vieler Blutgefäße in der Haut – dadurch verminderte Wärmeabstrahlung des Körpers – Hände und Füße werden kalt.

Schüttelfrost

- Unwillkürliches Muskelzittern (weil der Patient friert) – dadurch vermehrte Wärmeproduktion des Körpers (Bewegung schafft Wärme) – Schüttelfrost tritt auf.

Hohes Fieber

Durch diese Abwehrmaßnahmen steigt im Körperinnern die Temperatur an – und das so lange, bis sie den neuen Temperaturwert erreicht hat. Dann hört der Schüttelfrost auf, der Kranke beginnt zu »glühen«.

Schwitzen

Nun muß der Körper seine überschüssige Wärme abgeben. Er öffnet alle Hautgefäße, der Patient beginnt stark zu schwitzen. Der Schweiß verdunstet auf der Haut, dadurch kühlt die Körpertemperatur ab (Verdunstungskälte).

> Je höher das Fieber, desto weniger vermehren sich die Viren. Durch das Schwitzen werden über die Haut große Mengen von Giftstoffen aus den zerstörten Krankheitserregern und dem Stoffwechsel ausgeschieden: Die Haut ist neben dem Darm das wichtigste Entgiftungsorgan.

Das Fieber sinkt, sobald das Temperaturzentrum zur Fiebererzeugung nicht mehr angereizt wird; der Organismus hat das Fieber nicht mehr nötig, da die Viren zerstört sind.
Diese von der Natur so sinnvoll aufeinander abgestimmten Abwehrmaßnahmen weisen in ihrer Stärke und Intensität stets das richtige Maß auf; der Körper reagiert nur in dem für die Abwehr von Krankheitserregern unbedingt notwendigen Maß mit Entzündungen der Schleimhaut.

Akuter Infekt – Infektanfälligkeit – chronischer Infekt

Der akute Infekt muß ausgeheilt werden

Der *akute Infekt*, der nur einmal oder sehr selten auftritt, ist sowohl bei Kindern als auch bei Erwachsenen dann ungefährlich, wenn er vollständig ausgeheilt wird.
Bei Kindern treten akute Infekte auf, weil ihr Abwehrsystem noch nicht völlig aufgebaut ist oder ihre Energien vorübergehend durch geistig-seelische Entwicklungen beansprucht werden. Kinder machen akute Infekte sehr viel häufiger durch

als Erwachsene, es können bis zu zwölf im Jahr sein; auch Kinderkrankheiten wie Masern, Mumps, Keuchhusten, Windpocken und Röteln trainieren das Abwehrsystem. Je nach Stärke ihrer Selbstheilungskraft machen Kinder Infektionskrankheiten entweder fast unbemerkt durch oder erleben sie heftig; in der Regel aber werden sie ohne nennenswerte Komplikationen überwunden. Mit zunehmendem Alter treten akute Infekte normalerweise immer seltener auf, Neunjährige erkranken nur halb so oft wie Sechsjährige. In den ersten Lebensjahren also muß sich das Abwehrsystem stabilisieren, deshalb ist es so besonders wichtig, Infekte im Kindesalter naturgemäß zu behandeln und die Selbstheilungskräfte des kleinen Körpers mit einfachen Maßnahmen zu stärken.

Stabilisierung des Abwehrsystems

Auch im Erwachsenenalter ist es notwendig, jeden akuten Infekt naturgemäß auszuheilen! Treten akute Infekte jedoch immer häufiger auf – und das gilt für Kinder wie für Erwachsene –, kann von einer vorübergehenden Abwehrschwäche nicht mehr die Rede sein. Dann handelt es sich um das ernst zu nehmende Krankheitsbild der *Infektanfälligkeit* (→ Seite 33).

Infektanfälligkeit

Jeder Infekt schwächt das Abwehrsystem etwas mehr – ein Infekt geht in den nächsten über. Kein Temperaturwechsel, der nicht einen Schnupfen auslöst, eine Minute im Durchzug stehen, und der Husten ist da. Bei jeder Belastung, sei es in der Familie oder im Beruf, tritt eine allgemeine Schwäche auf, Fieber, Halsschmerzen oder eine Bronchitis. Überall und immerzu steckt man sich an.

Chronischer Infekt

Eine weitere Gefahr: Sowohl aus vielen akuten Infekten als auch aus einer Infektanfälligkeit kann sich ein chronischer Infekt entwickeln.

Unter einem *chronischen Infekt* – beispielsweise der chronischen Bronchitis – versteht die WHO (Weltgesundheitsorganisation) eine Erkrankung, die über mindestens zwei Jahre besteht und im Jahr mindestens drei Monate hindurch an den meisten Tagen der Woche akut wird, also mit Husten und Auswurf verbunden ist.

Während akute Infekte vor allem durch Viren ausgelöst werden, handelt es sich bei den chronischen und meist um durch Bakterien ausgelöste Infekte. Jeder chronische Infekt ist Ausdruck einer chronischen Entzündung, die unsere Schleimhaut in den Atemwegen immer weiter schädigt oder sie zerstört. Das bedeutet, daß die Abwehr nur noch schlecht oder überhaupt nicht mehr funktioniert.

Grippemittel und Antibiotika

Fiebersenkende Grippemittel wirken über das Temperaturregulationszentrum des Gehirns: Sie senken den Temperatur-Sollwert (→ Seite 99). Damit unterdrücken sie das Fieber – sie hindern den Organismus also daran, eine seiner schlagkräftigsten Waffen im Kampf gegen Krankheitserreger einzusetzen. Aber nicht genug damit – sie verhindern auch die Tätigkeit der Freßzellen (→ Seite 98).

Die Heilung wird verhindert –

Da fiebersenkende Mittel gleichzeitig schmerzstillend wirken, werden mit ihrer Hilfe die Anzeichen der Erkältungskrankheit schnell beseitigt – das Problem scheint gelöst. Die Beschwerden einer Erkältungskrankheit aber, so lästig sie sind, haben ihren Sinn: Sie zwingen den Grippekranken, im Bett zu bleiben, Ruhe zu halten, seine Energien auf die Überwindung der Krankheit und den Wiederaufbau seiner Abwehrkräfte zu konzentrieren. Dies alles ist nicht mehr möglich, wenn der Grippekranke sich nicht krank fühlt, weil er schmerzlindernde Mittel eingenommen hat. Jeder, der über die Selbstheilungskräfte des Körpers ein wenig Bescheid weiß, muß sich unbehaglich fühlen beim Anblick eines Kindes, das mittags noch mit hohem Fieber apathisch im Bett lag, ein Fieberzäpfchen bekam und nachmittags aufgekratzt umherspringt. Denn es ist gegen die Natur, eine Infektionskrankheit wie einen Spuk innerhalb von ein bis zwei Stunden zu verscheuchen!

– der Aufbau von Abwehrkraft unterdrückt

Mit Grippemitteln oder fiebersenkenden Medikamenten werden lediglich die Krankheitssymptome verdrängt – während die Krankheit sich unbemerkt weiterentwickelt, da ihre Ursache nicht beseitigt wurde.

Mit Sicherheit tritt die Krankheit bei nächster Gelegenheit – vielleicht stärker als zuvor – wieder zutage. Es rächt sich, der Natur ins Handwerk zu pfuschen – und das ist der Fall, wenn man bei Erkältungskrankheiten Grippemittel oder Fieberzäpfchen verabreicht.

Antibiotika nur für den Notfall

Während einer einfachen, unkompliziert verlaufenden Erkältungskrankheit ein Antibiotikum* einzunehmen, widerspricht jeder Logik: Neunzig Prozent aller grippalen Infekte werden durch Viren ausgelöst, bei denen Antibiotika unwirksam sind. Sie können jedoch viele Bakterien der gesunden Darmflora (→ Seite 101) zerstören, haben eine Reihe von schädigenden Nebenwirkungen (Magenbeschwerden, Durchfall, Kreislaufstörungen) und können allergische Erscheinungen auslösen (Überempfindlichkeit).

Im Zusammenhang mit Nebenwirkungen der Medikamente ist außerdem zu bedenken, daß Bakterien gegen Antibiotika unempfindlich (resistent) werden, diese Fähigkeit sogar vererben und auf andere Bakterienstämme übertragen können.
Das bedeutet, daß Antibiotika unter Umständen nicht mehr wirksam sind, wenn man sie bei schweren bakteriellen Infektionen braucht, um ein Leben zu retten.

---

*Ein Antibiotikum (zum Beispiel Penicillin) ist ein aus Stoffwechselprodukten von Mikroorganismen synthetisch (künstlich) hergestellter Wirkstoff, der andere Mikroorganismen in ihrem Wachstum hemmt oder sie abtötet.

Grippeimpfung – ja oder nein?

Um die Grippeimpfung ist es zwar in letzter Zeit auffallend ruhig geworden, dennoch wird sie immer wieder empfohlen und auch durchgeführt. In Betrieben, Ämtern und Schulen werden jährlich im Herbst (September bis Oktober) kostenlose Impfungen angeboten.
Die virusbedingte Erkältungskrankheit wird durch 300 verschiedene Viren verursacht, wobei man die echten Grippeviren (Influenza-Viren) unterscheidet von den unspezifischen Viren. Geimpft werden kann aber nur gegen die echte Influenza. Von Influenza-Viren sind ebenfalls bereits viele Unterarten bekannt – von Jahr zu Jahr werden es mehr. Aus diesen Gründen ist die Grippeschutzimpfung ein sehr fragwürdiges Unternehmen, weil sie wirklich nur die Influenza, nicht aber den »normalen« akuten Infekt verhindern kann.
Meine Erfahrung auf diesem Gebiet: Während einige Patienten tatsächlich keine Grippe mehr hatten, seit sie sich regelmäßig impfen ließen, sind viele andere durch die Impfung erst anfällig geworden. Ich empfehle eine Impfung daher grundsätzlich nur

Impfung zu empfehlen

- bei sehr alten und gebrechlichen Patienten, zum Beispiel in Altersheimen,
- bei Patienten mit schweren Organkrankheiten, bei denen jeder zusätzliche Infekt eine zu starke oder gar bedrohliche Belastung für den Organismus darstellen würde.

Bei Kindern und jüngeren Erwachsenen genügt es vollkommen, durch Abhärtungsmaßnahmen und Umstimmungstherapien genügend Abwehrkräfte gegen die Erkältungskrankheit zu mobilisieren, so daß sich die Frage nach einer Grippeimpfung erst gar nicht stellt.

Zum Nachschlagen

Bücher, die weiterhelfen

Brauchle, Alfred, *Das große Buch der Naturheilkunde;* Mosaik-Verlag, München

Cardas, Elena, *Atmen – Lebenskraft befreien;* Gräfe und Unzer Verlag, München

Elmadfa/Aign/Fritzsche/Muskat/Cremer, *Die große GU Nährwert-Tabelle;* Gräfe und Unzer Verlag, München

Eichhorn, Benita von, *Gemüse aus der Vollwertküche;* Gräfe und Unzer Verlag, München

Elmadfa/Fritzsche/Cremer, *Die große GU Vitamin- und Mineralstoff-Tabelle;* Gräfe und Unzer Verlag, München

Früchtel, Ingrid, *Das Vegetarische Kochbuch; Das Ingrid Früchtel Vollkorn-Kochbuch; Das Ingrid Früchtel Vollkorn-Backbuch;* Gräfe und Unzer Verlag, München

Hopfenzitz, Petra/Lützner, Dr. Hellmut, *Fasten und Meditation;* Gräfe und Unzer Verlag, München

Kirch, Dr. med. Karl M., *Wie neugeboren durch Sauna;* Gräfe und Unzer Verlag, München

Kurz, Marey, *Vollwertküche – schnell und leicht; Vollwertrezepte für 1 Person; Vollwertkost, die Kindern schmeckt;* Gräfe und Unzer Verlag, München

Köhnlechner, Manfred, *Handbuch der Naturheilkunde;* Kindler Verlag, München

Langen, Prof. Dr. med. Dietrich, *Autogenes Training für jeden;* Gräfe und Unzer Verlag, München

Lindemann, Günther, *Teerezepte;* Verlag Tibor Marczell, München

Linden, Dr. med. Volker zur, *Immunsystem natürlich stärken;* Gräfe und Unzer Verlag, München

Lützner, Dr. Hellmut, *Wie neugeboren durch Fasten;* Gräfe und Unzer Verlag, München

Lützner, Dr. Hellmut, Million, Helmut, *Richtig essen nach dem Fasten;* Gräfe und Unzer Verlag, München

Nash, E. B., *Leitsymptome in der homöopathischen Therapie;* Karl F. Haug Verlag, Heidelberg

Oelze, Dr. Fritz, *Herz-Kreislauf-Erkrankungen natürlich behandeln;* Gräfe und Unzer Verlag, München

Pahlow, Mannfried, *Das große Buch der Heilpflanzen; Hausapotheke; Der große GU Ratgeber Heilpflanzen;* Gräfe und Unzer Verlag, München
Rauch, Dr. Erich, *Heilung der Erkältungs- und Infektionskrankheiten* durch natürliche Behandlung; Karl F. Haug Verlag, Heidelberg
Rittinger, Eva, *Das biologische Vollwert-Kochbuch;* Gräfe und Unzer Verlag, München
Schneider-Siemens, Dorothea, *Zu mehr Wohlbefinden durch Lymphdrainage;* Gräfe und Unzer Verlag, München
Stellmann, Dr. Hermann-Michael, *Kinderkrankheiten natürlich behandeln;* Gräfe und Unzer Verlag, München
Stumpf, Werner, *Der große GU Ratgeber Homöopathie;* Gräfe und Unzer Verlag, München
Symbioselenkung; Richtlinien für Patienten; Arbeitskreis für Symbioselenkung, 6348 Herborn-Dill
Triebel-Thome, Anna, *Feldenkrais.* Bewegung – ein Weg zum Selbst. Einführung in die Methode; Gräfe und Unzer Verlag, München
Wagner, Dr. Franz, *Akupressur – leicht gemacht; Reflexzonen-Massage – leicht gemacht;* Gräfe und Unzer Verlag, München
Weiss, Rudolf-Fritz, *Lehrbuch der Phytotherapie;* Hippokrates Verlag, Stuttgart
Zimmermann, Walther, Consilium, Cedip, *Naturheilweisen, Handbuch für Diagnose und Therapie;* Medizinisch-technische Verlags- und Handelsgesellschaft mbH, Postfach 46 02 45, 8000 München 46

Beschwerden- und Sachregister

Überarbeitete Neuausgabe von Erkältung und Grippe
natürlich behandeln, Gräfe und Unzer Verlag GmbH 1984

Redaktionsleitung: Doris Schimmelpfennig-Funke
Redaktionelle Bearbeitung: Christine Majcen-Kohl
Herstellung: Joachim W. Schmidt
Produktion: Ina Hochbach
Einbandgestaltung: Heinz Kraxenberger
Satz: Typodata GmbH, München
Druck: Wagner, Nördlingen
Bindung: Oldenbourg, Kirchheim

ISBN 3-7742-1703-3

Auflage	6.	5.	4.	3.
Jahr	98	97	96	95